Markus Stubbig

**Der OpenWrt-Praktiker, Band 2**

D1618951

Markus Stubbig

# Der OpenWrt-Praktiker

## Band 2: Fortgeschritten

*Bibliografische Information der Deutschen Nationalbibliothek*
Die Deutsche Nationalbibliothek verzeichnet diese Publikation in der
Deutschen Nationalbibliografie; detaillierte bibliografische Daten sind im
Internet über http://dnb.dnb.de abrufbar.


© 2020 Markus Stubbig
Herstellung und Verlag: BoD – Books on Demand, Norderstedt

1. Auflage 2020
ISBN: 978-3-7526-1074-1

# Inhaltsverzeichnis

# Einleitung

OpenWrt ist ein Open-Source-Betriebssystem für Netzwerkgeräte wie Router, Switches und Accesspoints. Es basiert auf Linux und konzentriert sich auf Themen wie WiFi, Firewall, Adressumsetzung und Routing unter einer einheitlichen Kommandozeile. OpenWrt läuft auf physischer Hardware oder als virtuelle Maschine.

Jeder Netzwerkausrüster stattet seine Komponenten mit dem eigenen Betriebssystem aus. OpenWrt verkauft keine Hardware, sondern bietet eine Linux-Distribution für möglichst viele Geräte an. OpenWrt ersetzt auf *anderen* Routern das Betriebssystem und kann damit durchstarten.

Der erste Band vermittelt einen Einstieg in OpenWrt und behandelt die Grundlagen. Die Kapitel sind eine Schritt-für-Schritt-Anleitung, die OpenWrt installieren, Netzadapter einrichten und IP-Adressen vergeben. Nach der Ersteinrichtung behandelt Band 1 auch die Kommandozeile UCI, die Paketverwaltung und die Systemadministration mit Überwachung eines OpenWrt-Geräts.

Der vorherige Band richtet sich an Leser, die mit OpenWrt keine Erfahrung haben und ins Thema einsteigen wollen. Wer bereits einen OpenWrt-Router im Einsatz hat, sollte mit dem zweiten Band starten. Der zweite Band baut auf den Grundlagen auf und vermittelt dem Leser fortgeschrittene Themen, Tipps für die Fehlersuche und ein großes Kapitel zur Firewall.

## Übersicht

Der Anfang dieses Buchs widmet sich der Sicherheit von OpenWrt: Kapitel 1 beleuchtet die zonenbasierte Firewall und Kapitel 2 demonstriert die Umsetzung von IP-Adressen.

Danach liefert Kapitel 3 ein paar Handgriffe aus dem Tagesgeschäft, die die Arbeit mit OpenWrt vereinfachen. Kapitel 4 macht OpenWrt fit für NetFlow und erfährt damit, welche IP-Verbindungen durch den Router fließen.

Als Nächstes kommt in Kapitel 5 die Hardware unter OpenWrt auf den Prüfstand und darf zeigen, wie viel Durchsatz die Netzadapter unter realen Bedingungen schaffen. Falls das zu wenig Leistung ist, gibt es am Ende des Kapitels einige Tipps für die Steigerung.

Kapitel 6 erklärt die Architektur von OpenWrt und mit welchen Software-komponenten die Distribution arbeitet. Wer sich für Open Source interessiert, kann in Kapitel 7 aus dem Quellcode ein fertiges Image für OpenWrt selber zusammenbauen.

Zuletzt beleuchtet Kapitel 8 wie OpenWrt von Cloudanbietern für Logging und Datenablage profitieren kann.

## Labornetz

Für den praxisnahen Einstieg erwacht OpenWrt in einem konstruierten Labornetz zum Leben. Die nachfolgenden Kapitel basieren alle auf dem-selben Netzaufbau. Das vollständige Labornetz ist als Netzdiagramm in Abbildung 1 auf Seite 12 dargestellt und ist mit dem Diagramm in Band 1 identisch. Es ist als Grundlage für die nachfolgenden Kapitel konzipiert und stellt ein kleines Netzwerk mit mehreren Standorten dar. In den folgenden Kapiteln werden meist nur Teile dieses Netzwerks zur Untersuchung be-nutzt. Welches Interface in welchem Netz zu Hause ist zeigt Tabelle 1.

Der stets unveränderte Aufbau des Labornetzes hat den charmanten Vorteil, dass zwischen den Kapiteln nicht umgebaut werden muss. Kein Umverka-beln der Geräte oder Umkonfigurieren der virtuellen Umgebung. Das spart Zeit und verhindert Fehler. Und nach ein paar Kapiteln wird das Labornetz zum vertrauten Begleiter, denn die Namen der Geräte, Netzschnittstellen und IP-Adressen bleiben unverändert.

Wenn ein Abschnitt einen gesonderten Aufbau benötigt oder ein weiteres Gerät untersucht werden soll, gibt es am Anfang der Lektion einen entspre-chenden Hinweis mit Erklärung.

Da ein händischer Eingriff nach dem ersten Aufbau nicht mehr notwendig ist, kann das Lab auch „aus der Ferne" betrieben werden – Remotezugriff vorausgesetzt.

| Gerät | Interface | Funktion/Netz | IPv4 | IPv6 |
|---|---|---|---|---|
| RT-1 | eth0 | Management | 10.5.1.1 | fd00:5::1 |
| | eth1 | Standort-1 | 10.1.1.1 | fd00:1::1 |
| | eth2 | WAN-1 | 198.51.100.1 | 2001:db8:1::1 |
| | eth3 | WAN-2 | 192.0.2.1 | 2001:db8:2::1 |
| RT-2 | eth0 | Management | 10.5.1.2 | fd00:5::2 |
| | eth1 | Standort-2 | 10.2.1.2 | fd00:2::2 |
| | eth2 | WAN-3 | 203.0.113.2 | 2001:db8:3::2 |
| | eth3 | WAN-1 | 198.51.100.2 | 2001:db8:1::2 |
| RT-3 | eth0 | Management | 10.5.1.3 | fd00:5::3 |
| | eth1 | Standort-3 | 10.3.1.3 | fd00:3::3 |
| | eth2 | WAN-3 | 203.0.113.3 | 2001:db8:3::3 |
| RT-4 | eth0 | Management | 10.5.1.4 | fd00:5::4 |
| | eth1 | Standort-4 | 10.4.1.4 | fd00:4::4 |
| | eth2 | WAN-3 | 203.0.113.4 | 2001:db8:3::4 |
| | eth3 | WAN-2 | 192.0.2.4 | 2001:db8:2::4 |
| labsrv | eth0 | Management | 10.5.1.7 | fd00:5::7 |
| | eth1 | Standort-1 | 10.1.1.7 | fd00:1::7 |

Tabelle 1: Alle Geräte mit Netzadaptern, Funktion und IP-Adressen

## Version

OpenWrt entwickelt sich weiter. Diese positive Tatsache erschwert die Dokumentation und die einheitliche Verwendung einer Versionsnummer. Aus diesem Grund verwenden die Bände der Buchreihe *Der OpenWrt-Praktiker* nicht die gleiche Version, sondern arbeiten stets mit den aktuellen Versionen von OpenWrt. Folglich können Screenshots und Kommandoausgaben zwischen den Bänden und den eigenen Experimenten unterschiedlich ausfallen.

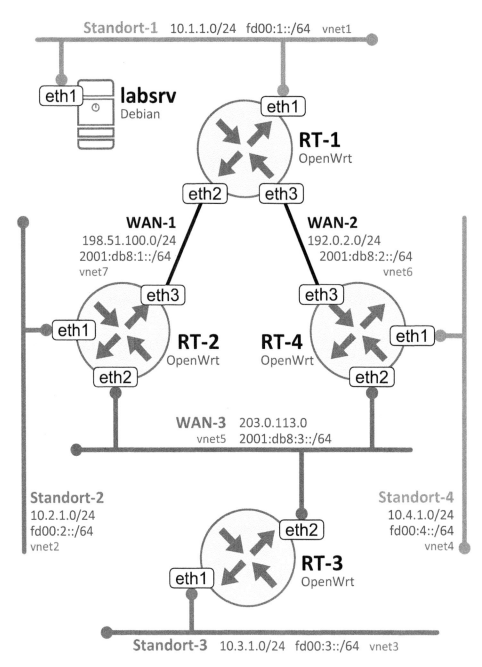

Abbildung 1: Das Labornetzwerk als Vorlage für die folgenden Kapitel

# Kapitel 1

# Firewall

Eine Firewall ist kein einzelnes Gerät, sondern ein Konzept! Das erklärte Ziel dieses Konzepts ist die Sicherheit zwischen Computernetzen, um Zugriffe zu kontrollieren und Angriffen so lange wie möglich standzuhalten. Umgesetzt wird das Sicherheitssystem meist mit Paketfiltern, Anwendungsgateways (Proxy), demilitarisierter Zone (DMZ), Verschlüsselung und Logging. Ob die Adressumsetzung im Sinne von NAT (vgl. Kap. 2) zur Steigerung der Sicherheit beiträgt, ist umstritten.

Vereinfacht ausgedrückt: Router verbinden Computernetze, Firewalls trennen sie.

Für ein erhöhtes Maß an Sicherheit können auch große Geschütze aufgefahren werden: Systeme zum Erkennen und Verhindern von Einbrüchen suchen im internen Netz nach Paketen, die aufgrund des Regelwerks dort gar nicht sein dürfen.

Beliebt ist auch der Honeypot, welcher ein realistisch aussehendes Netz nachbaut. Genau wie eine Filmkulisse, die aussieht wie eine echte Straßenszene. Der Honeypot lenkt den Angreifer von den wirklichen Zielen ab und erlaubt Angriffsmuster zu studieren.

Allgemein ist der Begriff *Firewall* nicht mit dem Sicherheitskonzept belegt, sondern wird synonym mit *Paketfilter* verwendet. Daher bezeichnet das folgende Kapitel ein einzelnes OpenWrt-Gerät und sein Regelwerk als *Firewall*.

# OpenWrt als Firewall

Ein Paketfilter besteht aus mehreren Regeln, die IP-Pakete klassifizieren. Jede Regel hat eine oder mehrere Bedingungen, zu denen das Paket passen muss, um weiter bearbeitet zu werden. Sobald ein Paket zu einer Regel passt, wird die hinterlegte Aktion ausgeführt und das Paket wird weitergeleitet oder verworfen.

Diese Beschreibung trifft grundsätzlich auf alle Paketfilter zu. Die meisten Anbieter von Firewalls unterscheiden sich äußerlich dadurch, wie das Regelwerk konfiguriert wird und wie granular die Regeln sein können.

Bei OpenWrt arbeitet das Regelwerk nach dem *First Match*-Prinzip. Die Prüfung des IP-Pakets beginnt bei der ersten Regel und endet, sobald eine der Regeln zutrifft. Wenn keine passende Regel dabei ist, gibt es noch die Standardprozedur, die alles verwirft.

Der Paketfilter von OpenWrt arbeitet verbindungsorientiert. Die *Antwort*-pakete einer Verbindung benötigen keine separate Regel, sondern sind automatisch erlaubt.

Durch das *First Match*-Prinzip ist die Reihenfolge der einzelnen Regeln entscheidend. Eine strenge blockierende Regel zu Beginn eines Regelwerks macht nachfolgende einzelne Regeln wirkungslos.

Die Regeln sind meistens nach dem folgenden Schema sortiert:

1. *Anti-Spoofing-Regeln*. Damit lassen sich Pakete mit gefälschten Adressen aufdecken.

2. *Spezielle Regeln*. Im oberen Teil eines Regelwerks erscheinen die Regeln mit genauen Angaben über Quell-IP, Ziel-IP und Ports.

3. *Allgemeine Regeln*. Im unteren Bereich des Regelwerks folgen die Regeln, welche nur grobe Einschränkungen benutzen: Quellnetze, Zielnetze mit und ohne Angaben von Portnummern.

4. *Aufräum-Regeln*. Diese Regeln filtern alles weg, was unerwünscht ist und nicht im Logbuch auftauchen soll.

5. *Final-Deny-Any-Log*. Der Name verrät es schon: Diese letzte Regel blockiert alles und loggt jedes Paket. OpenWrt blockiert zwar am Ende des Regelwerks von Hause aus, aber mit dieser Regel kann die

Protokollierung bei Bedarf an- und ausgeschaltet werden. Das ist hilfreich bei der Fehlersuche.

---

**Hinweis**

Dieses Kapitel verwendet zusätzlich die englischen Begriffe, damit die Erklärungen auch ohne das installierte deutsche Sprachpaket `luci-i18n-firewall-de` verständlich sind.

---

## Laboraufbau

Firewallregeln können lang und komplex werden. Daher reicht bereits eine kleine Auswahl an Geräten, um die Möglichkeiten der OpenWrt-Firewall zu untersuchen.

Das Gerät RT-1 wird als Firewall eingesetzt und filtert zwischen seinem Standortnetz hinter *eth1*, der DMZ an *eth2* und dem Internetzugang bei *eth3* (Abbildung 1.1).

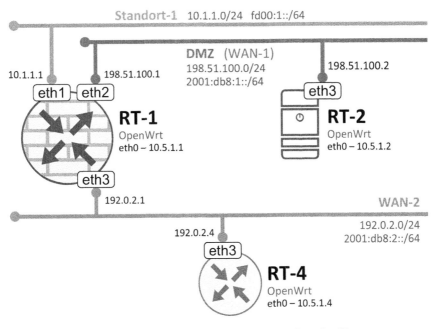

Abbildung 1.1: Laboraufbau mit RT-1 als Paketfilter

15

RT-4 wird zu einem Client degradiert, der den Zugriff auf die Firewall RT-1 über das WAN-2-Netz prüfen soll. Das schützenswerte Ziel in der DMZ ist der Host RT-2. In diesem Szenario ist der IP-Bereich 198.51.100.0/24 kein WAN-Netz, sondern die Adressierung zwischen Firewall RT-1 und Host RT-2.

## Allgemeine Einstellungen

OpenWrt ist eine *zonenbasierte* Firewall. Eine Zone ist eine Gruppe aus Netzadaptern, die einen ähnlichen Schutzbedarf haben. Im Regelwerk legt der Admin fest, aus welcher Zone der eingehende Datenverkehr die Firewall betreten darf und in welche Zone Zugriffe erlaubt oder verboten sind.
In der Voreinstellung ist das LAN-Interface in der Zone *lan*, welches als vertrauenswürdiges Netz in Grün gekennzeichnet ist. Ein weiterer Netzadapter kommt in die Zone *wan* und markiert in Rot den Kontakt zu einem unsicheren Netz.

Eine frisch installierte OpenWrt-Firewall erlaubt den Verkehrsfluss von *lan* nach *wan* und ermöglicht damit den Zugriff von LAN-Clients auf Server im Internet. Die zweite Regel legt fest, dass alle Zugriffe aus der *wan*-Zone gesperrt sind. Abbildung 1.2 zeigt das vorgegebene Regelwerk, welches der Rolle eines DSL-Routers entspricht.

Abbildung 1.2: OpenWrt kennt anfangs nur zwei Zonen

LuCI verwaltet die Zonen im Webmenü unter *Netzwerk → Firewall*. Das Regelwerk unterscheidet zwischen *Eingehend*, *Ausgehend* und *Weitergeleitet*:

- *Eingehend* (*Input*): Datenverkehr, der die Zone betritt. Am Beispiel der *wan*-Zone in Abbildung 1.2 wird die Firewall neue Verbindungen abweisen, da die Aktion auf *zurückweisen* steht.

- *Ausgehend* (*Output*): Datenverkehr, der die Zone verlässt. In Abbildung 1.2 erlaubt die Firewall ausgehende Verbindungen auf Zielsysteme in der Zone *lan*.

- *Weitergeleitet* (*Forward*): Datenverkehr innerhalb einer Zone zwischen zwei Netzadaptern, der durch die Firewall fließt. Für die *wan*-Zone in Abbildung 1.2 verbietet die Firewall die Weiterleitung, damit Verbindungsanfragen aus dem Internet nicht in andere Subnetze der Firewall gelangen.

---

**Verwerfen oder Zurückweisen?**

OpenWrt unterscheidet zwischen *Verwerfen* (*drop*) und *Zurückweisen* (*reject*) für unerwünschte Verbindungen. Beide Aktionen verhindern die Kommunikation: *Verwerfen* verwirft das Paket stillschweigend, während *Zurückweisen* es zwar auch verwirft, aber den Sender darüber per ICMP informiert.

Grundsätzlich verwendet man *Verwerfen* für feindliche Netze (Internet), damit kein Antwortpaket generiert wird, welches Informationen verraten oder zu einem DDoS-Angriff beitragen könnte. Für freundliche Netze (LAN, WiFi) eignet sich *Zurückweisen*, damit die Clients sofort Bescheid wissen und der Anwender nicht lange auf ein Timeout warten muss.

---

Die Berechtigungen für die Zonen sind nur grobe Richtlinien, denn in jeder Zone gibt es Ausnahmen, die in der Spalte =>*Weiterleitungen* in Abbildung 1.2 aufgeführt sind.

Die einzige voreingestellte Ausnahme gestattet den Zugriff aus der *lan*-Zone in die *wan*-Zone und beschert allen LAN-Clients den Internetzugang.

Die Option *NAT aktivieren* verbirgt die IP-Adressen der Clients hinter der

IP-Adresse des WAN-Adapters. Mit der Adressumsetzung (NAT) beschäftigt sich Kapitel 2. Die gesetzten Berechtigungen unter *Allgemeine Einstellungen* sind eine Vorlage für *neue* Zonen.

## Zonen

OpenWrt kann die verfügbaren Schnittstellen in verschiedene Zonen einsortieren, um die Netzteilnehmer mit Firewallregeln passend zu schützen. Zu welcher Zone eine Schnittstelle gehört, legt der Admin im Webmenü unter *Netzwerk → Schnittstellen → Bearbeiten → Firewall Einstellungen* fest. Sobald eine Schnittstelle zu einer Zone gehört, wird die Firewall ihr Regelwerk auf den Datenverkehr dieser Schnittstelle anwenden.
Die beispielhafte Firewall in Abbildung 1.3 separiert seine Schnittstellen in mehrere Zonen und regelt damit den Zugriff der Teilnehmer untereinander.

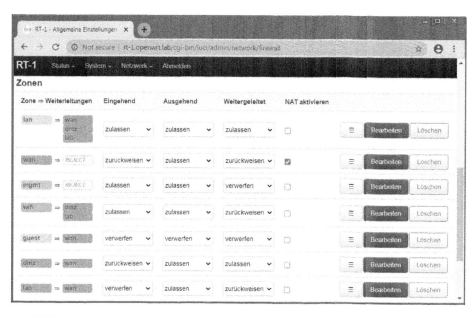

Abbildung 1.3: Diese OpenWrt-Firewall teilt das Netz in mehrere Zonen ein

Die Firewall RT-1 aus dem Labornetz in Abbildung 1.1 auf Seite 15 verwendet die zusätzliche Zone *dmz*, um Dienste aus dem Internet erreichbar zu machen. Sollte ein Server in der DMZ kompromittiert werden, hat der „gehackte" Server keinen direkten Zugang zum restlichen Netzwerk, da er in einer anderen Firewallzone ist.

Eine neue Zone entsteht über den Button *Hinzufügen* im Bereich der Zonen bei *Netzwerk → Firewall*. Der Name sollte möglichst kurz sein, damit das Regelwerk übersichtlich bleibt. Für die geplante DMZ eignen sich die folgenden Einstellungen:

- Name: *dmz* (OpenWrt bevorzugt Kleinschreibung)

- Eingehend: *zurückweisen*

- Ausgehend: *zurückweisen*

- Weitergeleitet: *zurückweisen*

- Abgedeckte Netzwerke: *eth2*

Die Befehle in der Syntax vom UCI folgen in Listing 1.1. Sobald die Konfiguration über LuCI oder UCI aktiv wird, ist die DMZ abgeriegelt. Es folgen die Ausnahmen der Zonen oder Clients, die mit der DMZ kommunizieren dürfen.

```
uci add firewall zone
uci set firewall.@zone[-1].name='dmz'
uci set firewall.@zone[-1].input='REJECT'
uci set firewall.@zone[-1].forward='REJECT'
uci set firewall.@zone[-1].network='WAN1'
uci set firewall.@zone[-1].output='REJECT'
```

Listing 1.1: Per UCI-Kommandos entsteht eine neue Firewallzone

Beispielsweise dürfen alle Endgeräte aus dem LAN auf den DMZ-Server zugreifen. Die Erlaubnis dazu befindet sich in den Eigenschaften der *dmz*-Zone bei „Erlaube Weiterleitung von *Quellzone*". Abbildung 1.4 auf der nächsten Seite schafft diese Ausnahme und gestattet den Zugriff vom LAN in die DMZ, aber *nicht* umgekehrt.

Die Zonenübersicht zeigt nach dem Speichern die erlaubte Weiterleitung in der Zeile der *lan*-Zone an. Wenn bidirektionaler Kontakt erwünscht ist, muss eine weitere Ausnahme die andere Richtung erlaubten. Da der Zugriff

Abbildung 1.4: Die Einstellung erlaubt den Zugriff der *lan*-Zone auf die *dmz*-Zone

von der DMZ auf Endgeräte im LAN eher die Ausnahme sein sollte, empfiehlt sich hier eine einzelne Regel, die im nächsten Abschnitt behandelt wird.

Mit den beschriebenen Einstellungen ist der Zugriff vom LAN in die DMZ und ins Internet eingerichtet, ohne dass eine IP-Adresse oder ein Subnetz in einer Regel benutzt wurde. Das ist der Grundgedanke einer zonenbasierten Firewall.

## Filterregeln

Wenn nicht eine ganze Zone erlaubt oder verboten sein soll, kommen Filterregeln ins Spiel. Sie sind granularer als Zonen und handeln für einzelne Rechner, IP-Netze oder Ports. Filterregeln können sich auf Zonen beziehen, um beispielsweise einzelne Ports zwischen den Zonen zu erlauben.
OpenWrt prüft eine neue Verbindung gegen die konfigurierten Regeln. Die Firewall fängt mit der ersten Regel an und arbeitet sich nach unten weiter. Sobald das Paket zu einer Regel passt, wird die konfigurierte Aktion ausgeführt.
Beispielsweise soll die Firewall RT-1 den Webzugriff vom Internet auf den HTTPS-Dienst des Servers RT-2 gestatten. Die Anfragen betreten die Firewall über die *wan*-Zone (Quell-Zone) und müssen in die *dmz*-Zone (Ziel-Zone).

Abbildung 1.5 zeigt die Eigenschaften der neuen Filterregel. Die entsprechenden UCI-Befehle stehen in Listing 1.2. Die Zieladresse ist die IPv4-Adresse von RT-2 aus dem gemeinsamen Netzsegment mit RT-1.

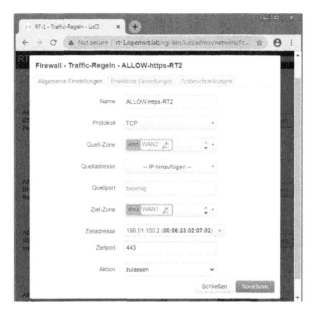

Abbildung 1.5: OpenWrt erlaubt den HTTPS-Zugriff auf Server RT-2

```
uci add firewall rule
uci set firewall.@rule[-1].dest_port='443'
uci set firewall.@rule[-1].src='wan'
uci set firewall.@rule[-1].name='ALLOW-https-RT2'
uci set firewall.@rule[-1].dest='dmz'
uci add_list firewall.@rule[-1].dest_ip='198.51.100.2'
uci set firewall.@rule[-1].target='ACCEPT'
uci add_list firewall.@rule[-1].proto='tcp'
```

Listing 1.2: Die UCI-Kommandos gestatten den HTTPS-Zugriff auf RT-2

Für den Inhalt einer Regel gilt: so exakt wie möglich und so allgemein wie nötig. Damit ist gemeint, dass die Regel für den Webzugriff auf den Server nicht einfach nur den Port 443 (https) in die DMZ erlaubt.

Neue Regeln platziert OpenWrt stets ans Ende des Regelwerks. Mit der Maus lässt sich eine einzelne Regel per Drag-and-drop an die gewünschte Stelle verschieben und anschließend speichern. Die Position der neuen Regel gehört in den oberen Bereich des Regelwerks, da sie speziell den Zugriff auf einen Webserver behandelt.

---

**Hinweis**

OpenWrt gibt keine Warnung, wenn eine Regel zwar richtig konfiguriert ist, aber im Regelwerk an der falschen Position steht. Erst bei der Fehlersuche wird auffallen, dass durch diese Regel kein Netzverkehr läuft.

---

## Logging

OpenWrt ist eine schweigsame Firewall, denn per Voreinstellung protokolliert sie nichts. Die Logfunktion lässt sich pro Zone einschalten und schreibt dann die zurückgewiesenen Verbindungsanfragen ins Logbuch. Die Firewall beginnt die Protokollierung, wenn in den erweiterten Eigenschaften einer Zone die Option *Protokollierung innerhalb der Zone aktivieren* gesetzt ist.

---

**Hinweis**

Die Firewall protokolliert nur *zurückgewiesene* (rejected) Verbindungen. Alle Pakete, die erlaubt oder verworfen werden, kommen nicht ins Logbuch.

---

Wenn die Richtlinie der Zone auf *verwerfen* (drop) steht, muss die Aktion für die Dauer des Loggings auf *zurückweisen* geändert werden.
Sinnvoll sind diese Logeinträge nur, wenn damit Sinnvolles gemacht wird. Ansonsten müllen sie nur das Logbuch voll und verdecken wichtigere Einträge. Zu den logwürdigen Anwendungsfällen gehören:

- Fehlersuche. Im Problemfall anschalten, Logs untersuchen, Fehler lösen und Logging abschalten.

- Anti-Spoofing. Im Normalfall kommen hier keine Pakete an. Falls doch, ist der Logeintrag wertvoll für die Ursachenforschung.

- Regeln für kritische Netzbereiche. Wenn beispielsweise die Server in der DMZ selbstständig keine neuen Verbindungen aufbauen, lohnt sich die Logfunktion. Denn diese Logeinträge deuten auf eine Fehlfunktion der Server hin oder auf einen kompromittierten Server.

- Nachweispflicht. Logeinträge sind gute Begleiter, wenn es um den Nachweis von Netzverkehr geht. Ob diese Einträge sogar als Beweis anerkannt werden, hängt von der Umgebung ab.

Die Logeinträge befinden sich bei *Status → Systemprotokoll* und sind auf der Kommandozeile mit `logread` sichtbar. Ein beispielhafter Logeintrag ist:

```
Fri Jun 19 20:12:08 2020 kern.warn kernel: \
  [  716.969026] REJECT wan out: IN=eth2 OUT=eth3 \
  MAC=00:56:23:01:07:01:00:56:23:02:07:02:08:00 SRC=198.51.100.2 \
  DST=192.0.2.4 LEN=60 TOS=0x00 PREC=0x00 TTL=63 ID=60675 DF \
  PROTO=TCP SPT=60098 DPT=443 WINDOW=29200 RES=0x00 SYN URGP=0
```

# Durchsatz

Mit steigender Anzahl der Regeln leidet nicht nur die Übersichtlichkeit. Auch die Durchsatzrate der Firewall sinkt, denn immerhin muss OpenWrt für jedes ankommende Paket das Regelwerk oder die Verbindungstabelle befragen und entsprechend handeln. Darüber hinaus erfordern manche Pakete eine Adressumsetzung oder einen Eintrag im Logbuch, was zusätzliche Zeit kostet.
Optimierungen am Regelwerk sind durchaus sinnvoll. Beispielsweise sollten häufig benutzte Regeln weiter am Anfang stehen, damit neue Pakete schneller auf ihre Regel treffen und zügig bearbeitet werden.
Ab welcher Größe das Regelwerk die weitergeleiteten Pakete verzögert, lässt sich nicht pauschal beantworten. Die Komplexität der Regeln und die Verwendung von IP-Netzen und Zonen ist entscheidend. Im Allgemeinen spricht man von einem *großen* Regelwerk, wenn die Anzahl der Regeln im vierstelligen Bereich ankommt.

## Best Practice

Ein Regelwerk kann im Laufe der Jahre anwachsen und unübersichtlich werden. Eine strukturierte Arbeitsweise von Beginn an trägt zu einem aufgeräumten Regelwerk bei.

- *Keep it simple.* Ein kompliziertes Regelwerk funktioniert nur bis zur nächsten Änderung oder bis zum Fehlerfall. Und wenn die Firewall nach mehreren Monaten erneut betrachtet wird, wirken selbst die eigenen Regeln fremd.

- *Dokumentieren.* Jede Regel hat einen Namen; der perfekte Platz, um den Hintergrund dieser Regel knapp zu erläutern. In das Namensfeld gehört *nicht* die Funktion dieser Regel, denn das steht bereits in den anderen Feldern.

- *Endgeräte und Dienste zusammenführen.* Eine Regel kann mehrere IPv4-Adressen oder -netze enthalten. Bei den Feldern für Ziel- und Quellport akzeptiert LuCI Portbereiche oder mehrere einzelne Ports, die durch ein Leerzeichen getrennt sind. Damit kann eine einzelne Regel für mehrere Server und mehrere Ports gelten, was das Regelwerk deutlich lesbarer und kürzer ausfallen lässt.

- *Quellnetz.* Die Angabe einer Quelle in einer Firewallregel empfiehlt sich für Regeln, die Verkehr *erlauben*. Für allgemeine Verbote sollte die Quelle leer bleiben. Damit gelten die Verbote auch für weitere Netze, die über diesen Netzadapter die Firewall erreichen.
  Diese Unterscheidung ist wichtig, wenn die Firewall Netze kontrolliert, die nicht direkt mit ihr verbunden sind.

- *IPv4+IPv6.* Der IP-Filter von OpenWrt ist bereit für IPv6, sodass die erstellten Regeln für beide IP-Protokolle gelten können. Dazu muss nicht jede Regel zweimal vorhanden sein. Es reicht, wenn in den Regeleigenschaften bei *Adressfamilie* die Auswahl auf *IPv4 und IPv6* steht. Damit die Regel tatsächlich beide Protokolle filtert, müssen die Quell- und Zieladressen auch beide Versionen der Adresse enthalten. Die Adressen für den DMZ-Server RT-2 lauten dann 198.51.100.2 und 2001:db8:1::2.

- *Final-Deny-Any-Regel.* Eine explizite letzte Regel blockiert und protokolliert. Die Loggingfunktion wird in der Zone bei Bedarf oder im Fehlerfall benutzt.

- *Filtern an der Quelle.* Wenn mehrere Firewalls im Einsatz sind, sollte so nah wie möglich an der Quelle gefiltert werden. Damit wird der Traffic früh erkannt und vermieden, bevor er durchs Netz fließen kann, nur um eventuell an anderer Stelle blockiert zu werden.

- *Audit.* Einmal jährlich sollte das Regelwerk überprüft, unnötige Regeln deaktiviert und später gelöscht werden. Aber wie erkennt man Regeln, die ohne Funktion sind?
  Die Liste bei *Status → Firewall* zeigt das vollständige Regelwerk aller Interfaces, so wie es der Linux-Kernel sieht. Die eigenen Regeln führen den Regelnamen im Kommentarfeld. Zu jeder Regel ist die transportierte Datenmenge und Anzahl der Pakete vermerkt. Regeln mit 0 bei *Pkte* und *Traffic* haben noch nichts geleistet und sind Kandidaten fürs Aufräumen.

## Zusätzliche Filter

Die vorgestellten Methoden des Paketfilters sind für das Durchsetzen der Sicherheitsrichtlinie im eigenen Netzwerk meist ausreichend. Aber Open-Wrt hat noch ein paar Tricks auf Lager, um besondere Anwendungsfälle abzudecken.

### Zeitbasierte Regeln

Eine normale Regel ist dauerhaft aktiv und gilt rund um die Uhr. Eine *zeitbasierte* Regel hat einen „Stundenplan", der ihr mitteilt, wann sie Pakete filtern soll und wann nicht. Dieser Zeitplan kann aus einfachen Angaben bestehen, z. B. 9–17 Uhr, oder ein aufwendiges Schema umsetzen, das aus Uhrzeit, Datum und Wochentag besteht.
Die beispielhafte Regel in Abbildung 1.6 gilt damit nur werktags von 6:30 Uhr bis 22:00 Uhr. Außerhalb dieser Zeiten und Tage ist die Regel inaktiv.

Abbildung 1.6: Die Firewallregel gilt nur innerhalb des Zeitfensters

---

**Hinweis**

Der Zeitplan funktioniert nur zuverlässig mit einer synchronisierten Uhrzeit. Unter *System* → *System* → *Zeitsynchronisation* holt sich OpenWrt von einem öffentlichen NTP-Server regelmäßig die exakte Uhrzeit.

---

## Anti-Spoofing

Das Fälschen der Quelladresse wird als Spoofing bezeichnet. Dieses absichtliche Manipulieren unterscheidet sich vom gewollten Verändern der Quell- oder Zieladresse, wie es die Adressumsetzung vollführt (vgl. Kap. 2). Einem IP-Paket kann man seine inkorrekte Quelladresse nicht ansehen. Erst im Kontext der Umgebung kommt man einer falschen Adresse auf die Spur. Beispielsweise ist ein Paket mit der Quell-IP 10.1.1.25 grundsätzlich ein gültiges Paket von einem Client im Standort-1. Wenn dieses Paket allerdings am WAN-Interface der Firewall RT-1 ankommt, dann ist die Adresse fehlerhaft und vermutlich gefälscht.

Mit gefälschten Adressen lassen sich simple Paketfilter austricksen oder bestimmte Antwortpakete provozieren.

```
uci add firewall rule
uci set firewall.@rule[-1].src='wan'
uci set firewall.@rule[-1].name='Anti-Spoofing WAN'
uci add_list firewall.@rule[-1].src_ip='10.1.1.0/24'
uci set firewall.@rule[-1].family='ipv4'
uci set firewall.@rule[-1].target='DROP'
uci set firewall.@rule[-1].dest='dmz'
uci add_list firewall.@rule[-1].proto='all'

uci add firewall rule
uci set firewall.@rule[-1].src='wan'
uci set firewall.@rule[-1].name='Zugriff auf DMZ-Server'
uci set firewall.@rule[-1].dest='dmz'
uci add_list firewall.@rule[-1].dest_ip='198.51.100.2'
uci set firewall.@rule[-1].target='ACCEPT'
uci add_list firewall.@rule[-1].proto='all'
```

Listing 1.3: Die beiden Firewallregeln bilden eine Anti-Spoofing-Richtlinie

Eine Anti-Spoofing-Richtlinie besteht zumeist aus mehreren Firewallregeln:
Die erste Regel blockiert die gefälschten Adressen und die zweite Regel
erlaubt die legitimen Zugriffe. Am Beispiel des WAN-Adapters von RT-1 sind
dort eingehende Pakete von 10.1.1.0/24 und fd00:1::/64 unerwünscht,
da diese Adressbereiche bereits am LAN-Interface angebunden sind. Abbildung 1.7 zeigt die passende Anti-Spoofing-Regel, die zuerst diese IP-Netze
an der WAN-Schnittstelle abweist und alle weiteren Pakete akzeptiert. Die
Regeldetails sind in Listing 1.3 aufgeführt.

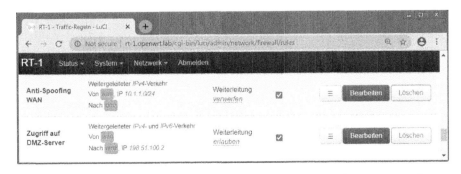

Abbildung 1.7: Anti-Spoofing-Regel zum Blockieren von gefälschten IP-Adressen

## Technischer Hintergrund

Die Firewall von OpenWrt setzt auf *Netfilter*, welches unter seinem Kommandonamen `iptables` besser bekannt ist. Die vielfältigen Tabellen, Regeln und Ketten von `iptables` bleiben glücklicherweise verborgen, denn OpenWrt bringt eine ganz eigene Syntax für die Konfiguration mit.

Die Firewall-Befehle werden von `fw3` interpretiert und in reguläre `iptables`-Kommandos übersetzt. Von dort aus geht es weiter an Netfilter im Linux-Kernel. Mit dem Linuxbefehl `fw3 print` zeigt das Tool die generierten `iptables`-Regeln, ohne sie tatsächlich anzuwenden.

## Fehlersuche

Warum ist die neue Regel völlig wirkungslos und erlaubt nicht den eingerichteten Datenverkehr? OpenWrt gibt für diese Situation Einblick in interne Abläufe, Logdateien und den Netzverkehr. Die folgenden Tipps wollen Orientierung geben, wenn sich der Fehler schwer finden lässt:

1. Logische Prüfung. Gehört die Regel zum richtigen Interface? Umfassen die Regeldetails die gewünschte Auswahl von Quelle, Ports, Protokoll und Zone?

2. Reihenfolge. Ist die Regel an einer passenden Position im Gesamtregelwerk? Die Filterlisten werden von oben nach unten abgearbeitet. Eventuell schlägt eine andere Regel vorher zu, sodass die problematische Regel gar nicht zum Zug kommt. Für die Dauer der Fehlersuche darf die neue Regel ausnahmsweise an den Anfang des Regelwerks.

3. Adressumsetzung. Verändert eine NAT-Regel (vgl. Kap. 2) das ursprüngliche Aussehen des Pakets, sodass es von der Gegenstelle abgewiesen wird?

4. Routing. Die Routingtabelle entscheidet über das ausgehende Interface des Pakets. Nimmt das Paket den richtigen Ausgang?

5. Logbuch. OpenWrt protokolliert auf Wunsch zurückgewiesene Pakete. Für die Dauer der Fehlersuche muss die Logfunktion in den Eigenschaften der Zone aktiviert sein.

Wenn das Logbuch keine Einträge über die neue Verbindung hat, kommen die Pakete eventuell gar nicht beim Netzadapter an. Den Beweis dazu liefert das Analysewerkzeug `tcpdump` zur Aufzeichnung und Darstellung von übertragenen Paketen.

## Zusammenfassung

Der Paketfilter *iptables* von Linux hat zwar eine lesbare Syntax, aber Open-Wrt übernimmt die Bastelei an den Regeln. Die technischen Details gehen hinter der Weboberfläche in Deckung, sodass der Admin mit Zonen, Regeln und Ausnahmen auf hohem Niveau die geforderte Sicherheitsrichtlinie umsetzen kann.
Die Möglichkeiten sind vielfältig: OpenWrt filtert nach Zone, Quelle, Ziel, Protokoll, Ports und Zeitplan. Und das nahtlos für IPv4 und IPv6.
OpenWrt kann die Regeln auch dafür benutzen, um die *Quality of Service*-Parameter der durchfließenden Pakete zu beeinflussen, die Bandbreite zu verringern oder die IP-Adresse zu verändern.

# Kapitel 2

# Network Address Translation

Die *Umsetzung von Netzwerkadressen* (Network Address Translation, NAT) lässt Router und Firewalls in den Inhalt von IP-Paketen eingreifen, die sich auf dem Weg zwischen zwei Endgeräten befinden, um die IP-Adresse(n) gezielt zu verändern.

Für Client und Server sind diese geänderten Adressen weitgehend transparent. Die meisten Anwendungen funktionieren auch mit NAT. Solange der richtige Server an den korrekten Client seine Daten sendet, stellt niemand die Adressierung infrage.

Bei IPv4 gehört NAT zu den meisten Netzdesigns in Verbindung mit Internetzugriff. Das ist kein Mangel an Fantasie des Designers, sondern ein Mangel an öffentlichen IPv4-Adressen. IPv6 macht NAT überflüssig, da es mehr als genug Adressen bereitstellt. In speziellen Szenarios, z. B. beim Ausfallschutz über mehrere ISPs, hat sich auch NAT bei IPv6 eingeschlichen.

NAT ist allgegenwärtig: Jeder DSL-Router benutzt die Adressumsetzung, damit alle seine Clients über eine öffentliche IPv4-Adresse im Internet surfen können. Die Hotspot-Funktion eines Smartphones benutzt dieselbe Technik. Und die große Firmenfirewall bedient sich zur Adressumsetzung aus einem Pool von IP-Adressen, um den Internetzugriff für alle Clients zu ermöglichen.

Bei der Fehlersuche ist NAT verwirrend, denn IPv4-Adressen werden hin- und herübersetzt. In ungünstigen Umgebungen können die Adressen auch an mehreren Stellen verändert werden: Beispielsweise übersetzt der WAN-Zugangsrouter eine interne Quelladresse in eine private Adresse des Serviceproviders, welcher zwei Hops später diese Adresse in eine öffentliche IPv4 wandelt.

## Laboraufbau

Genau für dieses Kapitel haben die Standortnetze private Adressen und die Kernnetze öffentliche Adressen. Bevor die Pakete der Clients ins WAN gelangen, müssen die Firewalls sie in passende Adressen umwandeln.
Jedes Standortnetz hat einen Zugangspunkt zum Internet, welches von den WAN-Netzen simuliert wird. Abbildung 2.1 zeigt den Laboraufbau mit allen NAT-Gateways.

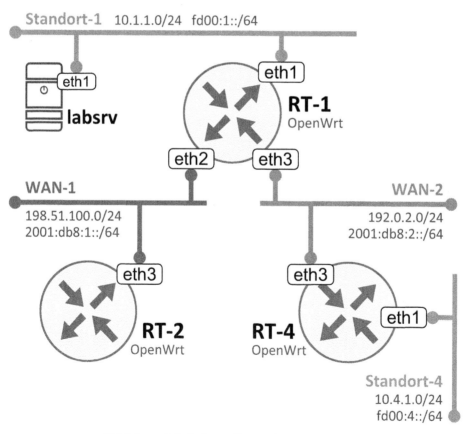

Abbildung 2.1: Laboraufbau mit NAT-Gateways

# Szenarios

Mit den beschriebenen Geräten kann OpenWrt seine Fähigkeiten zum Umsetzen von Quell- und Zieladressen mit und ohne Masquerading und Portweiterleitung präsentieren.

Um die Situation im Kernnetz realitätsnah zu gestalten, wird die Firewall RT-2 keine Pakete mit privaten IP-Adressen auf ihrem WAN-Adapter akzeptieren. Diese Maßnahme stellt das IP-Routing im Internet dar und zeigt gleichzeitig, wenn eine NAT-Regel der anderen Firewalls fehlerhaft konfiguriert ist.

---

**Hinweis**

Die Weboberfläche von OpenWrt platziert die Adressumsetzung bei *Netzwerk → Firewall* als *NAT-Regeln* und *Portweiterleitungen*. Die *NAT-Regeln* ändern die Quell-IP-Adresse und gelten damit für Pakete, die die OpenWrt-Firewall *verlassen*. Die *Portweiterleitungen* manipulieren die Ziel-IP-Adresse und behandeln Pakete, die die OpenWrt-Firewall *betreten*.

---

## Einfache ausgehende Übersetzung

Bei deutlich mehr internen Clients als öffentlichen Adressen hilft die TCP- oder UDP-Portnummer bei der Unterscheidung. Zur Umsetzung von Netzadressen kommt auch noch die Umsetzung von Portnummern hinzu. Das Konzept nennt sich *Port and Address Translation* (PAT), NAT-Masquerading oder einfach nur *ausgehendes NAT* und trifft auf die meisten Heimnetze zu.

---

**Masquerade**

Bei dieser speziellen Form von NAT werden nicht nur IP-Adressen umgeschrieben, sondern auch die Port-Nummern.

---

Im ersten Setup soll die Firewall RT-1 den Adressbereich 10.1.1.0/24 von Standort-1 in ihre eigene WAN-Adresse von Interface *eth2* oder *eth3* übersetzen. Technisch handelt es sich dabei um ein Quell-NAT mit Masquerading.

OpenWrt kann die Adressumsetzung pro Zone aktivieren. Dieser automatische Modus wird mit der Option *NAT aktivieren* bei *Netzwerk → Firewall* für einzelne Zonen gesetzt. Anschließend tauscht OpenWrt die Quelladresse von Paketen, die durch den Router weitergeleitet werden und ihn durch diese Zone verlassen. Als neue Quelladresse verwendet OpenWrt die eigene IP-Adresse des ausgehenden Interfaces.

Deutlich mehr Kontrolle über die Adressumsetzung haben die Übersetzungsregeln unter *Netzwerk → Firewall → NAT-Regeln*. Hier kann das ausgehende Paket eine andere Quelladresse erhalten oder einzelne Adressen können von der Umsetzung ausgenommen werden.

Tabelle 2.1 zeigt die Einstellungen der neuen Regel. Die einzelnen Zeilen lesen sich wie eine Wenn-Dann-Bedingung: *Wenn* IPv4-Pakete aus dem Quellnetz 10.1.1.0/24 in Richtung *wan*-Zone verschickt werden, *dann* ändere die Quelladresse in die Adresse des Netzadapters von WAN-1 oder WAN-2.

| Attribut | Wert |
|---|---|
| Name | Ausgehende Umsetzung für Standort 1 |
| Protokoll | Beliebig |
| Ausgehende Zone | wan (WAN1, WAN2) |
| Quelladresse | 10.1.1.0/24 |
| Zieladresse | beliebig |
| Aktion | MASQUERADE - Automatisch auf IP-Adresse der ausgehenden Schnittstelle umschreiben |

Tabelle 2.1: Standort-1 teilt sich ausgehend die Quell-IP von RT-1

Durch die Angabe von *MASQUERADE* erwartet die Konfiguration keine feste IP-Adresse. Das ist vorteilhaft, wenn die Firewall eine *dynamische* öffentliche IPv4-Adresse hat, die im Vorfeld nicht bekannt ist. OpenWrt benutzt also stets die Adresse vom ausgehenden Interface als neue Quelladresse bei der Adressumsetzung.

## Eins-zu-Eins NAT

In diesem Szenario soll der Laborserver über die öffentlichen WAN-Netze erreichbar sein. Dazu stellt RT-1 in jedem WAN-Netz eine zusätzliche IPv4-Adresse bereit, über die die Clients den Laborserver erreichen. Die neuen

Adressen müssen zum jeweiligen IP-Netz passen und anschließend den Clients bekannt sein, z. B. per DNS. Abbildung 2.2 zeigt die Änderung der IPv4-Adresse in eingehenden Datenpaketen durch RT-1 für den Netzadapter von WAN-1.

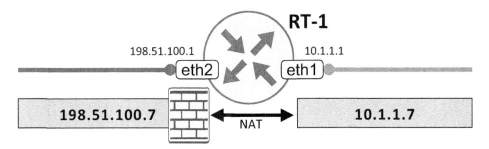

Abbildung 2.2: NAT ändert die IPv4-Adresse von transportierten Paketen

Die Umsetzung in OpenWrt ist etwas aufwendiger, denn die Firewall benötigt zusätzliche IPs und NAT-Anweisungen.

Die Konfiguration läuft in zwei Schritten ab:

1. *Zusätzliche IPs.* RT-1 ist verantwortlich für die beiden neuen IPv4-Adressen, also müssen die Adressen vorab im System bekannt sein. OpenWrt akzeptiert dafür zusätzliche IPs, die bei *Netzwerk → Schnittstellen* entstehen.
   In den Eigenschaften der WAN1- und WAN2-Schnittstelle kann der Netzadapter weitere Adressen erhalten. Abbildung 2.3 auf der nächsten Seite zeigt die neue IPv4-Adresse der WAN1-Schnittstelle. Anschließend wird RT-1 Anfragen für die Adressen 198.51.100.7 und 192.0.2.7 annehmen und entsprechend der NAT-Anweisung behandeln.

2. *NAT-Anweisung.* Für die Umsetzung der neuen IP-Adressen benötigt OpenWrt unter *Netzwerk → Firewall → Portweiterleitungen* zwei neue Regeln, jeweils eine für WAN-1 und eine für WAN-2. Denn beide Adressen sollen in die IP-Adresse vom Laborserver geändert werden. Die Details der beiden NAT-Regeln stehen in Tabelle 2.2.

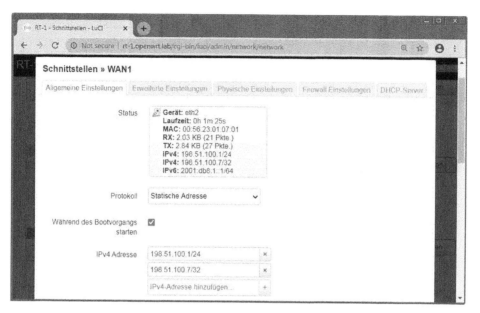

Abbildung 2.3: Die WAN1-Schnittstelle erhält eine zusätzliche IPv4-Adresse

| Einstellung | WAN-1 | WAN-2 |
|---|---|---|
| Name | WAN1-labsrv | WAN2-labsrv |
| Protokoll | Beliebig | Beliebig |
| Quell-Zone | wan | wan |
| Externer Port | *leer* | *leer* |
| Ziel-Zone | lan | lan |
| Interne IP-Adresse | 10.1.1.7 | 10.1.1.7 |
| Interner Port | *leer* | *leer* |
| Erweiterte Einstellungen | | |
| Externe IP-Adresse | 198.51.100.7 (eth2) | 192.0.2.7 (eth3) |

Tabelle 2.2: Die Eins-zu-Eins-Regeln für den Zugriff auf labsrv

Die Angabe bei *Externe IP-Adresse* ist wichtig für die korrekte Umsetzung der IP-Adresse in den Antwortpaketen. Ohne die richtige Auswahl dieser Adresse könnten die Zugriffe auf den Laborserver über das WAN1-Interface mit einer Adresse von WAN2 zurückkommen. Als Folge wird keine Verbindung zustande kommen.

Zur Überprüfung eignet sich der textbasierte Webclient curl. Von den benachbarten Routern RT-2 und RT-4 kann testweise auf die neuen IPv4-Adressen des Laborservers zugegriffen werden.

```
curl --head http://192.0.2.7
curl --head http://198.51.100.7
```

Die erfolgreiche Antwort enthält neben mehreren Kopfzeilen den Status HTTP/1.1 200 OK. Der Laborserver protokolliert die Zugriffe und Absenderadressen in der Logdatei des Webservers.

```
root@labsrv ~> tail /var/log/httpd/access_log
198.51.100.2 - - [28/Jun/2020:20:51:52 +0200] "HEAD / HTTP/1.1" \
   200 0 "-" "curl/7.66.0"
192.0.2.4 - - [28/Jun/2020:20:52:06 +0200] "HEAD / HTTP/1.1" \
   200 0 "-" "curl/7.66.0"
```

## Portweiterleitung

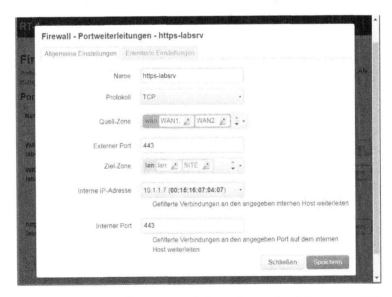

Abbildung 2.4: Der Laborserver wird per *Portweiterleitung* erreichbar

In diesem letzten Szenario übersetzt RT-1 die Zieladresse im IP-Header bei eingehenden Anfragen aus dem WAN-1-Netz. Diese Methode wird allgemein als *Portweiterleitung* bezeichnet. Das Prinzip ähnelt dem *Eins-zu-Eins*-NAT mit dem Unterschied, dass die Portweiterleitung nur Pakete behandelt, die zum ausgewählten TCP- oder UDP-Port passen.

Für dieses Beispiel soll der TCP-Port 443 (https) durch die Firewall RT-1 an den Laborserver „weitergeleitet" werden. Das Szenario entspricht einem DSL-Router, der einen Webserver im internen Netz aus dem Internet erreichbar macht.

Die passende NAT-Regel entsteht bei *Netzwerk → Firewall → Portweiterleitungen* und ist in Abbildung 2.4 dargestellt.

Ob die Portweiterleitung funktioniert, kann erneut RT-2 oder RT-4 mit dem Helfer `curl` überprüfen.

## IPv6

IPv6 macht einen weiten Bogen um NAT, weil es durch den extrem großen Adressbereich grundsätzlich nicht mehr notwendig ist. In speziellen Anwendungsfällen kann NAT auch in IPv6-Netzen nützlich sein: Bei Lastverteilung mit mehreren Internetprovidern über IPv6-Netze kann NAT seine Vorteile ausspielen, sodass ein ausgehendes Paket stets in die passende IPv6-Adresse übersetzt wird.

Als schlichtes Beispiel soll Router RT-1 die IPv6-Pakete seiner Clients im fd00:1::/64-Netz umsetzen, sobald diese den Router in Richtung WAN-1-Netz verlassen. Abbildung 2.5 verdeutlicht das geplante Szenario. Das Prinzip entspricht der *Einfachen ausgehenden Übersetzung* von Seite 33 – allerdings für IPv6-Adressen.

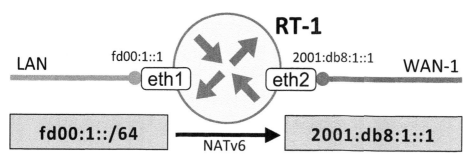

Abbildung 2.5: NATv6 ändert die IPv6-Adresse der transportierten Pakete

Vor der Einrichtung benötigt der Router die entsprechenden Kernelmodule, die im Softwarepaket *kmod-ipt-nat6* enthalten sind. Die Konfiguration besteht aus ip6tables-Befehlen, die LuCI unter *Netzwerk → Firewall → Benutzerdefinierte Regeln* annimmt. Die passende Anweisung für das beschriebene NATv6-Szenario ist:

```
ip6tables -t nat -A POSTROUTING -o eth2 -s fd00:1::/64 \
  -j MASQUERADE
```

Im Hintergrund trägt LuCI den zusätzlichen ip6tables-Befehl in die Datei /etc/firewall.user ein und startet die Firewall neu, damit die neue Anweisung direkt aktiv ist.

Ob die neue Regel die IPv6-Pakete korrekt behandelt, verrät ip6tables auf der Kommandozeile:

```
root@RT-1:~# ip6tables -v -n -t nat -L POSTROUTING
Chain POSTROUTING (policy ACCEPT 0 packets, 0 bytes)
 pkts bytes target      prot opt in out   source       destination
   49  3968 MASQUERADE  all      * eth2   fd00:1::/64  ::/0
```

Wenn die Werte in den Spalten pkts und bytes größer als null sind, hat die Regel bereits Pakete transportiert und die Originaladressen gegen die IPv6-Adresse von Netzadapter *eth2* ausgetauscht.

## Technischer Hintergrund

Die Adressumsetzung erledigt OpenWrt mit dem Paketfilter iptables von Netfilter (vgl. Kap. 1). Für iptables ist eine Manipulation von IPv4-Adressen nur eine weitere Zeile im Regelwerk, welche die Tabelle *nat* verwendet. Bei einer Umsetzung von IPv6-Adressen ist ip6tables zuständig, wobei die Tabellen genau wie bei iptables benannt sind.

## Zusammenfassung

OpenWrt kann auf die transportierten Pakete einwirken und die IP-Adresse austauschen. Die Möglichkeiten sind vielfältig, sodass eine Adressumsetzung entweder nur auf den IPv4-Header von ausgewählten TCP-/UDP-Ports wirkt (Portweiterleitung) oder auf alle Pakete an eine Zieladresse (Eins-zu-Eins). Ebenso beherrscht OpenWrt die Standardfunktion jedes Heimrouters:

das eigene IP-Netz hinter der öffentlichen IPv4-Adresse zu „verstecken"
(ausgehendes NAT).

Bei IPv6 sind die Möglichkeiten von OpenWrt weniger stark ausgeprägt,
da die Version 6 des Internetprotokolls eigentlich ohne Adressumsetzung
auskommen wollte.

# Kapitel 3

# Life Hacks

Wie gestaltet sich das Arbeiten mit OpenWrt einfacher? Oder effizienter? Als quelloffenes Produkt lässt sich in der Software einiges anpassen, ungewöhnliche Kommandos angleichen oder Features nachrüsten. Dieses Kapitel beschreibt Methoden, mit denen der Umgang und die Fehlersuche mit OpenWrt wirksamer ablaufen.

## Zugriff von Windows

Verfechter von Windows müssen sich für den Zugriff auf die Verzeichnisstruktur von Linux nicht die Finger wundtippen. Unter Windows vollbringt ein grafischer SFTP-Client gute Dienste, sodass mit der Maus in einer explorer-ähnlichen Ansicht gearbeitet wird. Der namhafte Vertreter *WinSCP* [1] verbindet sich nach Angabe von Hostnamen oder IP-Adresse, Benutzernamen und Kennwort mit dem Linux-System und startet das Browsen im Home-Verzeichnis vom root-User. Der bequeme Austausch von Dateien kann beginnen. Von hier aus können beliebige Verzeichnisse angesteuert werden und die Dateien liegen zur Bearbeitung bereit.

## Nachbarschaftserkennung

OpenWrt-Geräte können ihre Visitenkarte an direkt benachbarte Geräte verschicken. Ob die Empfänger die Information nutzen oder nicht; die Visitenkarte wird regelmäßig ausgehändigt. Die benachbarten Geräte handeln dabei nichts aus – sie geben lediglich ihre Kontaktinformation weiter und freuen sich über eine Antwort. Der Nachbar weiß damit den Namen und die IP-Adresse des Geräts und an welchem Port es angeschlossen ist.

OpenWrt setzt für die Nachbarerkennung auf das *Link Layer Discovery Protocol* (LLDP). Das Protokoll arbeitet auf der Ethernet-Ebene und funktioniert damit unabhängig von IP-Adresse oder Managementzugang. Die empfangenen LLDP-Frames leitet ein Switch *nicht* weiter, sodass jedes Gerät nur die *direkt* verbundenen Nachbarn erfährt.

Wenn sich alle Geräte im Netz per LLDP bekannt machen, sind diese Informationen für die Fehlersuche nützlich. Denn auch das *Fehlen* von Nachbarschaften ist ein wertvoller Hinweis. Weiterhin lässt sich prüfen, ob Geräte korrekt verkabelt sind, denn LLDP-Pakete enthalten Portstatus und -namen.

Die LLDP-Fähigkeit gesellt sich zum OpenWrt-Router als Zusatzpaket *lldpd*. Die folgenden Befehle installieren die Software, setzen den Hostnamen und den Standort, und starten zuletzt den Dienst.

```
opkg install lldpd
uci set lldpd.config.lldp_hostname="RT-1"
uci set lldpd.config.lldp_location="Standort 1"
uci del_list lldpd.config.interface="lan"
uci add_list lldpd.config.interface="eth2"
uci add_list lldpd.config.interface="eth3"
uci commit
service lldpd restart
```

Wenn die Geräte des Labornetzwerks nach dem Beispiel in Abbildung 1 auf Seite 12 verkabelt sind, dann zeigt ein Blick in die LLDP-Tabelle von RT-1 folgende Nachbarn:

```
root@RT-1:~# lldpcli show neighbors summary
-------------------------------------------------------------------------
LLDP neighbors:
-------------------------------------------------------------------------
Interface:    eth2, via: LLDP
  Chassis:
    ChassisID:    mac 00:56:23:02:00:02
    SysName:      RT-2
  Port:
    PortID:       mac 00:56:23:02:07:02
    PortDescr:    eth3
    TTL:          120
-------------------------------------------------------------------------
```

```
Interface:     eth3, via: LLDP
  Chassis:
    ChassisID:    mac 00:56:23:04:00:04
    SysName:      RT-4
  Port:
    PortID:       mac 00:56:23:04:06:04
    PortDescr:    eth3
    TTL:          120
-----------------------------------------------------------------
```

Wenn es etwas präziser sein darf, liefert `lldpcli` Details zu jedem einzelnen Netzadapter. Die folgende Ausgabe enthüllt vielfältige Informationen über die Gegenstelle.

```
root@RT-1:~# lldpcli show neighbors details ports eth2
-----------------------------------------------------------------
LLDP neighbors:
-----------------------------------------------------------------
Interface:     eth2, via: LLDP, RID: 1, Time: 0 day, 00:03:49
  Chassis:
    ChassisID:    mac 00:56:23:02:00:02
    SysName:      RT-2
    SysDescr:     OpenWrt 19.07.3 @ RT-2
    MgmtIP:       10.5.1.2
    MgmtIP:       fd9c:ac4a:58b8::1
    Capability:   Bridge, off
    Capability:   Router, on
    Capability:   Wlan, off
    Capability:   Station, off
  Port:
    PortID:       mac 00:56:23:02:07:02
    PortDescr:    eth3
    TTL:          120
    PMD autoneg:  supported: yes, enabled: yes
      Adv:            10Base-T, HD: yes, FD: yes
      Adv:            100Base-TX, HD: yes, FD: yes
      Adv:            1000Base-T, HD: no, FD: yes
      MAU oper type: 1000BaseTFD - Four-pair Category 5 UTP, full duplex
  LLDP-MED:
    Device Type:  Network Connectivity Device
    Capability:   Capabilities, yes
    Capability:   Policy, yes
[...]
    Inventory:
      Hardware Revision: None
      Software Revision: 4.14.180
      Firmware Revision: 6.00
      Serial Number: VMware-56 4d c0 44 a8 d7 9d 17-3
      Manufacturer: VMware, Inc.
      Model:        VMware Virtual Platform
      Asset ID:     No Asset Tag
-----------------------------------------------------------------
```

## Technischer Hintergrund

LLDP ist ein offener Standard, der als IEEE 802.1ab festgeschrieben ist. Vor seiner Einführung hatten die namhaften Hersteller ihre eigenen Protokolle für die Nachbarschaftserkennung. Die geplante Interoperabilität von LLDP kommt bei den Herstellern gut an, sodass jeder große Netzwerkausrüster einen LLDP-Agenten in seine Geräte einpflanzt. OpenWrt folgt diesem Trend und benutzt eine freie Implementierung von LLDP.

Der LLDP-Daemon `lldpd` arbeitet im Hintergrund und sendet regelmäßig Informationen über das lokale System und den benutzten Netzadapter im Gewand eines LLDP-Frames. Empfangene LLDP-Rahmen speichert `lldpd` lokal und stellt sie strukturiert über das Kommando `lldpcli` bereit.

> **Hinweis**
>
> Die eingesetzte LLDP-Software kann nicht nur LLDP. In der Voreinstellung versendet der LLDP-Dienst seine Ankündigungen zusätzlich im Format von Cisco, Extreme, Foundry und Nortel.

# Bandbreitenmonitoring

OpenWrt zeigt die Auslastung der Netzadapter als schicken Graphen in LuCI unter *Status → Echtzeit-Diagramme* an (vgl. Kap. 5). Leider zeigt das Diagramm nur Werte an, wenn die Webseite geöffnet ist. Zugriff auf ältere Daten oder längere Zeiträume sind damit nicht möglich.

Hier helfen Zeitreihendatenbanken, welche die Netzauslastung regelmäßig als Zahl speichern und bei Bedarf ausgeben. Eine Webseite bereitet die Messwerte auf und präsentiert sie als Graph über Uhrzeit und Bandbreite. Ein hervorragendes Werkzeug für die Überwachung der Auslastung ist *Cacti* [2]. Cacti ist in PHP geschrieben, lässt sich vollständig über eine Weboberfläche bedienen und kommuniziert mit den Netzgeräten via SNMP. In diesem Abschnitt steht Cacti stellvertretend auch für andere Überwachungstools, die ihre Switches und Router per SNMP abfragen.

Im Repository von OpenWrt ist ein SNMP-Dienst enthalten. Listing 3.1 macht OpenWrt fit für Cacti. Der neue SNMP-Dienst lauscht ausschließlich auf der IPv4-Adresse des Managementadapters (Zeile 3).

```
1  opkg update
2  opkg install snmpd luci-app-snmpd
3  uci set snmpd.@agent[0].agentaddress='udp:10.5.1.1:161'
4  uci set snmpd.@system[0].sysLocation='Standort 1'
5  uci set snmpd.@system[0].sysContact='administrator@openwrt.lab'
6  uci set snmpd.@system[0].sysName='RT-1.openwrt.lab'
7  uci commit snmpd
8  service snmpd restart
```

Listing 3.1: Mit SNMP wird OpenWrt fit für Cacti

Nun ist der OpenWrt-Router bereit für Abfragen von Cacti. Nach der erfolg-reichen Einrichtung präsentiert Cacti die Auslastung der Netzadapter von Router RT-1 in seiner Weboberfläche und in Abbildung 3.1.
Darüber hinaus speichert Cacti auch die Werte für CPU-Auslastung, Speicher-belegung, Plattenzugriffe und Fehlerraten der Netzadapter.

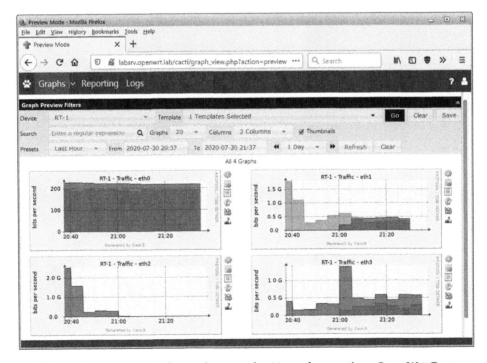

Abbildung 3.1: Cacti zeit die Auslastung der Netzadapter eines OpenWrt-Routers

# Kapitel 4

# NetFlow

Router sind fleißig, aber schweigsam. Ihrem Besitzer geben sie einen Einblick in die Statistik der Netzadapter. Mehr als übermittelte Bytes und verworfene Pakete verrät diese Ansicht allerdings nicht.

Ein Router wird deutlich redseliger, wenn das Zauberwort *NetFlow* fällt. Damit wird OpenWrt zur Quasselstrippe: Jeder übermittelte IP-Datenstrom wird sofort protokolliert und diese Information per UDP an einen NetFlow-Kollektor gesendet.

Der Kollektor sammelt alle Werte von den Routern und hat damit eine ausgezeichnete Informationsquelle für Statistiken, Analysen oder Kapazitätsplanungen. Die gesammelten Daten lassen sich auch bei der Fehlerfindung, Sicherheitsaudits oder für die Abrechnung nutzen.

## Inhalt eines Flows

In einem NetFlow-Paket sind die Steckbriefe mehrerer Datenströme. Jeder Datensatz gibt genaue Information über die IP-Verbindung. Bei der gängigen NetFlow-Version 5 enthält jeder Flow:

- Quell- und Ziel-IPv4-Adressen

- Quell- und Ziel-Ports (bei TCP oder UDP)

- Anzahl der übermittelten Bytes und Pakete

- Beginn und Ende der Verbindung

- Eingehendes und ausgehendes Interface des Routers

- QoS-Informationen

- Autonomes System (wenn BGP-Router)

- TCP-Flags

- IP-Protokoll (TCP, UDP, ICMP)

Der Router erhebt diesen Datensatz für jede Verbindung. Dabei ist es egal, ob es sich um eine kurzlebige DNS-Anfrage von 200 Bytes oder ein größerer Download von 750 Megabyte handelt – alles wird notiert, verpackt und an den Kollektor verschickt.

NetFlow basiert auf dem verbindungslosen UDP-Protokoll, also wird der Router nicht böse oder blockiert, wenn der Kollektor seine Pakete nicht annimmt. Gleichzeitig gibt es kein Feedback, wenn diese Pakete verloren gehen.

## Labor

Als professionelles Router-Betriebssystem hat OpenWrt einen Exporter für NetFlow griffbereit. NetFlow lässt sich nicht einfach anschalten. Die Einrichtung dreht sich um drei zentrale Fragen: An welchen lokalen Interfaces soll der Verkehr protokolliert werden? Wohin werden die Daten gesendet? Und welche NetFlow-Version erwartet der Empfänger?
In diesem Szenario ist der Router RT-1 bereit, die Flows von seinem Interface *eth1* an den Laborserver 10.5.1.7 per NetFlow in der Version 5 zu berichten. Die Einrichtung hat es noch nicht in die Gunst der LuCI geschafft, sodass mit UCI-Befehlen auf der Kommandozeile gearbeitet wird. Der Laboraufbau ist in Abbildung 4.1 dargestellt.

Die verschiedenen Rollen des NetFlow-Konzepts zeigt Abbildung 4.2. Ein NetFlow-Kollektor ist nicht auf einen einzelnen Exporter beschränkt. Je nach Hardwareausstattung können tausende von Routern ihre NetFlow-Daten an den Kollektor senden.

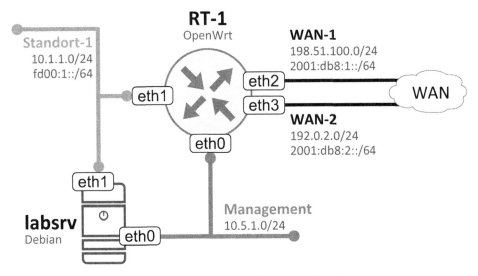

Abbildung 4.1: Router RT-1 soll per NetFlow berichten

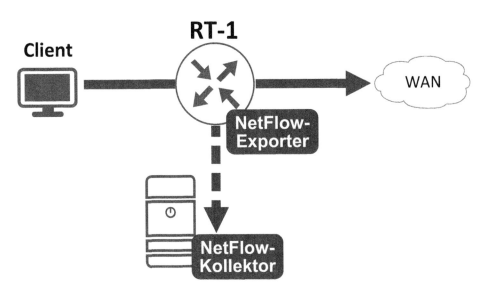

Abbildung 4.2: NetFlow-Exporter und Kollektor arbeiten zusammen

# Exporter

Der OpenWrt-Router RT-1 übernimmt die Rolle des Exporters. Dazu betrachtet er den Datenverkehr, der durch seine Netzadapter fließt, und verschickt die Information strukturiert als NetFlow-Paket an den vordefinierten Kollektor.

Die Funktionalität lernt OpenWrt über das Softwarepaket *softflowd*, welches per Paketmanager im lokalen System Fuß fasst. Mit den Kommandos aus Listing 4.1 ist die Anwendung eingerichtet und startbereit.

```
1  opkg install softflowd
2  uci set softflowd.@softflowd[0].host_port=10.5.1.7:2055
3  uci set softflowd.@softflowd[0].enabled=1
4  uci set softflowd.@softflowd[0].interface=eth1
5  uci commit
6  service softflowd restart
7  service softflowd enable
```

Listing 4.1: Installation und Einrichtung von *softflowd*

Die beispielhafte Konfiguration ist minimal und bewirkt, dass alle Verbindungen protokolliert werden, die Netzadapter *eth1* passieren (Zeile 4). In regelmäßigen Abständen sendet der `softflowd`-Dienst seine Proben an die hinterlegte IPv4-Adresse per UDP-Protokoll (Zeile 2).

Wenn der Router Verbindungsdaten von mehreren seiner Interfaces per NetFlow verschicken soll, läuft für *jeden* Netzadapter ein eigener `softflowd`-Prozess. Der Router aus Listing 4.1 überwacht sein weiteres Interface *eth2* mit den zusätzlichen Befehlen:

```
uci add softflowd softflowd
uci set softflowd.@softflowd[1].host_port=10.5.1.7:2055
uci set softflowd.@softflowd[1].enabled=1
uci set softflowd.@softflowd[1].interface=eth2
```

Danach passiert erst mal nichts, denn solange kein Verkehr durch den Router fließt, kann er auch nichts erzählen. Traffic erzeugen ist nicht das Problem: Ein paar Zugriffe von den benachbarten Routern und der Exporter von RT-1 informiert den Kollektor über die Aktivitäten seiner Klienten.

Damit ist die Einrichtung auf der Seite des Exporters bereits abgeschlossen. Das Herz einer NetFlow-Installation liegt im Kollektor, der mit der Fülle an Informationen sinnvoll umgehen muss.

## Kollektor

Der NetFlow-Kollektor ist eine Software, die NetFlow-Pakete empfängt, versteht und die enthaltenen Informationen irgendwo ablegt. Damit verbunden ist fast immer ein NetFlow-Analyser, der aus den Verbindungsdaten wichtige Schlüsse zieht.

Für die Laborumgebung reicht eine schlanke Linux-Software, die den Empfang der Flow-Pakete beherrscht und auf der lokalen Festplatte ablegt.

Am Beispiel von *nfdump* [3] erhält der Labserver eine Software mit Kollektorfunktion für NetFlow. Für das Betriebssystem CentOS 7 gibt es sogar ein fertiges Paket, sodass die Installation mit minimalem Aufwand abläuft:

```
yum install epel-release
yum install nfdump
```

Unter Debian 10 gestaltet sich die Installation noch einfacher, da das Paket im regulären Repository vorhanden ist:

```
apt install nfdump
```

Bei CentOS kommt das Paket ohne Startskript, also ist Fleißarbeit auf der Kommandozeile gefordert.

```
mkdir -p /var/netflow
/usr/bin/nfcapd -D -4 -p 2055 -S 0 -l /var/netflow
```

Die Kommandos legen ein Verzeichnis für NetFlow unter /var an und starten den Dienst. Dieser verschwindet sofort in den Hintergrund (-D) und lauscht auf der lokalen IPv4-Adresse (-4) auf dem üblichen UDP-Port (-p). Neue eingehende Pakete werden erst mal im Speicher gehalten und nach maximal fünf Minuten auf die Festplatte geschrieben (-1). Jede Datei hat das Format:

```
nfcapd.YYYYMMDDHHMM
```

und enthält Flowinformationen von exakt fünf Minuten. Einen Blick in die Binärdatei bietet das Kommando nfdump, welches dem Softwarepaket seinen Namen leiht. Mit verschiedenen Parametern lässt sich die Ausgabe verschönern, sortieren und zusammenfassen:

```
nfdump -r nfcapd.202008052100 -o fmt:"%ts %td %sap %dap %ibyt" -a -O bytes
Date first seen    Duration    Src IP Addr:Port    Dst IP Addr:Port    In Byte
2020-06-14 22:49:20  5.030       10.1.1.7:80       198.51.100.2:37694   419.2 M
2020-06-14 22:47:52  0.166       10.1.1.7:80         192.0.2.4:51238     19.5 M
2020-06-14 22:48:01  1.282       10.1.1.7:22         192.0.2.4:45672     15.5 M
2020-06-14 22:49:20  5.030   198.51.100.2:37694       10.1.1.7:80       561600
2020-06-14 22:48:01  1.282     192.0.2.4:45672         10.1.1.7:22       343200
[...]
Summary: total flows: 11, total bytes: 492158100, total packets: 33800,
   avg bps: 10848611, avg pps: 93, avg bpp: 14560
Time window: 2020-06-14 22:47:41 - 2020-06-14 22:53:43
Total flows processed: 11, Blocks skipped: 0, Bytes read: 824
Sys: 0.003s flows/second: 3265.1    Wall: 0.001s flows/second: 7412.4
```

## IPv6

In der Voreinstellung verwendet OpenWrt die Version 5 von NetFlow, welche zwar die gängigste Version ist, aber noch kein IPv6 versteht. Erst Version 9 ist in der Lage, über IPv6-Verbindungen zu berichten. Die Exporter-Software *softflowd* kennt beide Versionen und wechselt mit den folgenden UCI-Kommandos in den IPv6-Modus:

```
uci set softflowd.@softflowd[0].export_version=9
uci commit
service softflowd restart
```

Für den NetFlow-Kollektor aus Abschnitt *Kollektor* ergibt sich keine Änderung. Der Dienst *nfcapd* behandelt die unterschiedlichen NetFlow-Versionen transparent und speichert sie versionsunabhängig. Auch für die Anzeige der Verkehrsinformationen benötigt das bekannte Kommando *nfdump* keine Anpassung.

## Fehlersuche

Die Router arbeiten auf Hochtouren, aber der NetFlow-Kollektor zeigt keine Resultate? Die Fehlerfindung beschränkt sich in diesem Abschnitt auf den

Exporter, da dieser Teil von OpenWrt ist. Die Vorgehensweise beim Kollektor ist abhängig von der eingesetzten Software.

Ob der Exporter gestartet ist, enthüllt kurzerhand ein Blick in die Prozessliste:

```
ps | grep softflowd
```

Wenn sich in der folgenden Ausgabe der Text „/usr/sbin/softflowd" verbirgt, ist der NetFlow-Dienst im Hintergrund tätig. Ansonsten bekommt `softflowd` die erneute Arbeitsanweisung mit:

```
service softflowd start
```

Wenn sich die Software weigert zu starten, liefert die Logdatei leider keine brauchbaren Hinweise. Hier hilft eine händische Prüfung der Eingabewerte: Ist der ausgewählte Netzadapter aktiv? Passt die NetFlow-Version zur IP-Version?

Falls hier alles stimmig scheint, lässt sich der NetFlow-Exporter im „Entwickler-Modus" starten.

```
root@RT-1:~# /usr/sbin/softflowd -d -D -i eth1 -n 10.5.1.7:2055
Using eth1 (idx: 0)
softflowd v0.9.9 starting data collection
Exporting flows to [10.5.1.7]:2055
```

Anschließend berichtet `softflowd` seine Aktivitäten nach STDOUT und liefert hoffentlich Informationen zum gesuchten Problem. Nach abgeschlossener Fehlersuche lässt sich der Dienst mit Strg-C beenden.

Der NetFlow-Exporter läuft mit den gewünschten Einstellungen? Dann wird der Paketanalyser ausgehende UDP-Datagramme anzeigen, die an die IP-Adresse des Kollektors gerichtet sind.

```
root@RT-1:~# tcpdump -qnli eth0 host 10.5.1.7 and port 2055
14:36:25.90994 IP 10.5.1.1.57330 > 10.5.1.7.2055: UDP, length 360
14:36:43.43228 IP 10.5.1.1.57330 > 10.5.1.7.2055: UDP, length 216
14:37:59.41088 IP 10.5.1.1.57330 > 10.5.1.7.2055: UDP, length 552
```

Nach Eingabe von `tcpdump` sollten in unregelmäßigen Abständen die Net-Flow-Proben auf dem Bildschirm erscheinen. Damit wäre der Beweis erbracht, dass der Exporter die Proben an den Kollektor sendet.

Ob die Proben inhaltlich den Netzverkehr ausreichend beschreiben, lässt sich mit dem Befehl `softflowctl` prüfen. Für die Fehlersuche und zur

Freude der Statistiker führt OpenWrt auch auf dem lokalen Router genau Buch über die aktuellen IP-Ströme. Ein Blick in die Verbindungsliste zeigt alle Flows, die der eigene Router am angegebenen Interface übermittelt hat.

```
root@RT-1:~# softflowctl dump-flows
softflowd[4325]: Dumping flow data:
ACTIVE seq:2 [10.1.1.7]:80 <> [198.51.100.2]:34250 proto:6 \
   octets>:192948 packets>:7 octets<:104 packets<:2 \
   start:2020-07-23T20:06:42.590 finish:2020-07-23T20:06:42.741 \
   tcp>:10 tcp<:10 flowlabel>:00000000 flowlabel<:00000000
EXPIRY EVENT for flow 2 in 3591 seconds

ACTIVE seq:3 [10.1.1.7]:80 <> [192.0.2.4]:35914 proto:6 \
   octets>:111600 packets>:2 octets<:416 packets<:8 \
   start:2020-07-23T20:06:49.890 finish:2020-07-23T20:06:50.062 \
   tcp>:10 tcp<:10 flowlabel>:00000000 flowlabel<:00000000
EXPIRY EVENT for flow 3 in 3599 seconds
```

Für eine schnelle Übersicht liefert softflowd eine Statistik hinterher:

```
root@RT-1:~# softflowctl statistics
softflowd[4325]: Accumulated statistics since 2020-07-23T20:06:21 UTC:
Number of active flows: 134
Packets processed: 138848
Packets non-sampled: 13745902
Fragments: 0
Ignored packets: 0 (0 non-IP, 0 too short)
Flows expired: 402 (0 forced)
Flows exported: 402 in 50 packets (0 failures)
Packets received by libpcap: 13885008
Packets dropped by libpcap: 167
Packets dropped by interface: 0

Expired flow statistics:  minimum      average      maximum
   Flow bytes:                 44       713771    101693060
   Flow packets:                1          183        24117
   Duration:               0.00s        1.79s       42.21s

Expired flow reasons:
      tcp =         0    tcp.rst =    132    tcp.fin =          0
      udp =         0       icmp =      0    general =          0
  maxlife =         0
over 2 GiB =         0
 maxflows =         0
  flushed =       270

Per-protocol statistics:      Octets       Packets    Avg Life    Max Life
        tcp (6):           286884398         73730        1.70s       42.21s
        udp (17):              51660            35       18.26s       29.59s
```

Dieses Flow-Accounting funktioniert auch ohne NetFlow in Netzen, die keinen eigenen Kollektor haben.

Eine sehr volle Tabelle lässt sich zu Beginn einer Fehlersuche kurzerhand leeren mit

```
softflowctl expire-all
```

# Cloud

Wenn kein eigener Kollektor-Server erwünscht ist, kann die Cloud aushelfen. Verschiedene Anbieter spezialisieren sich auf die Analyse von Verkehrsdaten und decken damit Performanceprobleme auf oder warnen bei ungewöhnlichen Verkehrsflüssen.

Um die Möglichkeiten der Cloud im Umgang von NetFlow zu erkunden nutzt dieses Kapitel den Anbieter *Kentik* [4], welcher den Empfang von NetFlow-Paketen anbietet und im ersten Monat kostenfrei ist.

> **Hinweis**
>
> Die folgende Beschreibung benutzt Kentik als NetFlow-Dienstleister und stellt *keine* Empfehlung für oder gegen diesen Anbieter dar.

Abbildung 4.3: Der Cloudanbieter *Kentik* kennt die NetFlow-Router

Nach der Registrierung mit E-Mail-Adresse und Passwort präsentiert Kentik die Verwaltungsoberfläche. Vor dem Empfang von Verkehrsdaten muss

Kentik das sendende Gerät kennen, um die eingehenden Daten sinnvoll zu verarbeiten. Das neu zu erstellende Gerät ist vom Typ *Netflow-Enabled Router* und in Abbildung 4.3 dargestellt.

Anschließend zeigt das Webmenü, an welche IP-Adresse und an welchen UDP-Port die NetFlow-Pakete geschickt werden sollen. Für den Empfang von RT-1 hat Kentik die IPv4-Adresse 193.177.129.21 und den UDP-Port 20013 reserviert.

Der OpenWrt-Router als NetFlow-Exporter bemerkt von der Cloud nichts. Für ihn ist die Wolke nur die Konfigurationsänderung einer IP-Adresse:

```
uci set softflowd.@softflowd[0].host_port=193.177.129.21:20013
uci commit
service softflowd restart
```

Anschließend sendet RT-1 seine NetFlow-Pakete an den Kentik-Server. Dieser empfängt die Pakete und speichert die enthaltenen Verkehrsdaten. Im Webmenü gibt der Anbieter vielfältige Möglichkeiten der Analyse. Abbildung 4.4 zeigt beispielhaft die Auswertung nach Zielports.

## Technischer Hintergrund

OpenWrt erfindet das Rad für die NetFlow-Unterstützung nicht neu, sondern bedient sich der Software *softflowd* [5]. Die Auswahl an kleinen NetFlow-Projekten in der Linux-Welt ist beachtlich, aber mit der Wahl von *softflowd* gewinnt OpenWrt die Kenntnis aller gängigen Versionen von NetFlow und unterstützt auch IPv6.

Der softflowd-Dienst lauscht per pcap an dem gewünschten Netzadapter und sammelt die Daten. Anschließend verpackt der Dienst die Verkehrsinformationen im NetFlow-Format und sendet sie an den Kollektor in regulären UDP-Paketen.

## Zusammenfassung

NetFlow ist der Klassiker für die Berichterstattung von TCP/IP-Verbindungen in Netzwerken. OpenWrt hat branchenüblich einen NetFlow-Exporter dabei, der über UCI-Befehle eingerichtet wird. Damit ist die Nutzung von NetFlow in allen Umgebungen möglich.

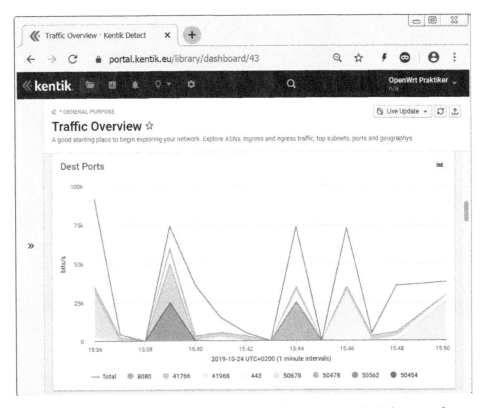

Abbildung 4.4: *Kentik* schlüsselt die Verkehrsströme nach Zielports auf

Die Darstellung von Verkehrsinformationen gibt einen guten Einblick in die tägliche Arbeit des Routers. Mit welchen Diensten und Servern kommunizieren die Anwender? Wie stark sind die Netzadapter ausgelastet? Dabei liefern die NetFlow-Daten eine gute Basis für Fehlersuche, Analyse, Abrechnung und stellen Grundlagen für die Kapazitätsplanung. Kurz: NetFlow macht die Vorgänge im Netz ein bisschen sichtbarer.

# Kapitel 5

# Durchsatz messen

OpenWrt basiert auf Linux. Als universelles Betriebssystem kann Linux zwar auf fast jeder Hardware benutzt werden, aber der Grundgedanke war stets die Vielseitigkeit und nicht der schnelle Transport von Datenpaketen. Dennoch macht Linux auf Netzwerkgeräten eine gute Figur. Im Linux-Kernel und seinen Anwendungsprogrammen gibt es mehrere Schalter und Regler, um die Paketverarbeitung voranzutreiben.

Dazu kommen die Treiber und die Anpassung an die darunterliegende Hardware. Zusammen ergibt sich ein hochoptimiertes System, welches nur Durchsatz und Features im Kopf hat.

Wie viel Leistung und Bandbreite ist von einem OpenWrt-Gerät zu erwarten? Dieses Kapitel zeigt, mit welchen Kommandos sich das Ergebnis nachprüfen und eventuell verbessern lässt.

## Auslastung

Zuerst kommt OpenWrt auf den Prüfstand, um die momentanen Leistungsdaten zu ermitteln. Während benachbarte Geräte mit maximaler Rate Pakete durch den Router schieben, bieten verschiedene Befehle detaillierten Einblick in die Ressourcenauslastung.

OpenWrt zeigt die Belastung von Prozessor und Netzadapter in der Weboberfläche bei *Status → Echtzeit-Diagramme* an. In Abbildung 5.1 hat der Netzadapter *eth1* Höchstwerte von 900 Mbit/s erreicht.

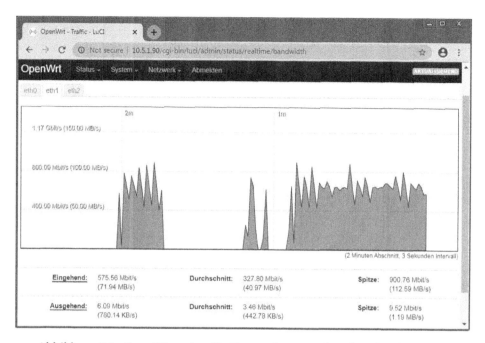

Abbildung 5.1: OpenWrt zeigt die Netzauslastung als Echtzeit-Diagramm

Weitere Überwachungstools von Linux arbeiten auf der Kommandozeile und liefern nur textbasierte Aussagen. Diese Programme sind beim Troubleshooting unersetzbar und dürfen in keiner Distribution fehlen.

**bwm-ng**   ist ein simpler Bandbreitenmonitor, der seine Zählerstände direkt vom Linux-Kernel erhält. Aus den erhaltenen Werten errechnet *bwm-ng* halbsekündlich die Durchsatzrate für alle Netzadapter.

**bmon**   zeigt die Übertragungsrate der lokalen Netzadapter in Echtzeit als *Bit pro Sekunde* (bps) und als *Pakete pro Sekunde* (pps). Der grafische Modus stellt die Auslastung einer Netzwerkkarte der letzten 60 Sekunden als Graph dar.

**top und htop**   top steht für *table of processes* und liefert darüber hinaus noch die momentane Auslastung von Prozessor, Arbeitsspeicher, SWAP und System-Load.

OpenWrt liefert nicht alle vorgestellten Kommandos mit, bietet sie aber in seinem Repository an. Bei Bedarf lassen sich die Programme über den Paketmanager nachinstallieren.

# Durchsatzmessung

Die interessanteste Kennziffer bei einem Router oder Switch ist die Anzahl der übertragenen Pakete pro Sekunde (pps). Verbunden mit einer Paketgröße ergibt sich daraus die maximale Datenrate pro Sekunde. Was in der Theorie nach fettem Durchsatz klingt, wird in der Praxis selten erreicht, da Paketfilter, Zugriffszeiten und Paketverluste eine reale Datenrate festlegen.

Die Ergebnisse einer Messung sind auch abhängig von der Dauer des Tests. Ein kurzer Test von weniger als 10 Sekunden erzeugt kaum Paketverluste, weil das Netzgerät die Überlastpakete nicht verwerfen muss, sondern in Puffern zwischenspeichern kann. Das ist grundsätzlich ein vorteilhaftes Verhalten, aber es verfälscht das Ergebnis. Ein aussagestarkes Resultat wird nach 30 bis 120 Sekunden erreicht.

## Messmethodik

Für die Durchführung der Messung steht ein hervorragendes Werkzeug bereit: *iperf3* [6]. iperf3 übermittelt Pakete mit maximalem Durchsatz zwischen zwei Geräten und zeigt anschließend die erreichte Transferrate an. Auf dem ersten Host wird iperf als Server gestartet, der die Messpakete empfängt. Der zweite Rechner startet iperf als Client mit Angabe der IP-Adresse des Servers. Sofort beginnt der Client, Pakete zu generieren und an den Server zu senden. Dazwischen ist das OpenWrt-Gerät, welches während der Messung unter besonderer Beobachtung steht.

> **Achtung**
>
> iperf gibt es in den zueinander inkompatiblen Versionen 2 und 3. Für die Beispiele in diesem Buch kommt Version 3 zum Einsatz, da es moderner und weiter verbreitet ist.

## Installation

Im Repository der meisten Linux-Distributionen ist iperf3 vorhanden und wartet auf seine Installation. Diese ist abhängig vom eingesetzten Paketmanager. Debian-basierte Distributionen, wie Ubuntu, holen sich die Software mit dem Befehl: `apt install iperf3`
Unter Red Hat und seinen Ablegern CentOS und Scientific Linux erfolgt die Installation ähnlich: `yum install iperf3`
Wenn iperf3 direkt auf OpenWrt laufen soll, holt der Paketmanager die Software auf den Router: `opkg install iperf3`

## Messung

Zwei Geräte sind startklar und ihre Netzwerkkarten mit dem OpenWrt-Router verbunden. Die Links sind *Up* und beide Rechner können sich per IP-Adresse erreichen. Welcher von den Maschinen den iperf-Server spielt, und wer den Client darstellt, entscheidet über die Richtung der Messung. Denn gemessen wird die Strecke *vom* Client *zum* Server.
Der Serverprozess beginnt mit einem schlichten Kommando:

```
iperf3 --server
```

Der Client entscheidet über die Optionen, wie Länge des Tests, Fenstergröße oder maximale Segmentgröße. Im ersten Versuch befeuert der Client eine Minute lang den Server (z. B. 10.1.2.2) mit Paketen und teilt anschließend die gemessene Bandbreite mit:

```
iperf3 --client 10.1.2.2 --time 60 --interval 60
```

Wenn die Rechner die Durchsatzrate in der Gegenrichtung messen sollen, müssen sie die Client/Server-Rollen vertauschen. Alternativ lässt sich der iperf-Client mit der Option `--reverse` starten. An einem Gerät mit Gigabit-Anschluss sollte das Ergebnis den Messwerten aus Abbildung 5.2 ähneln.

## Paketgröße

Am einfachsten erreicht ein Router seine Höchstleistung bei einer großen Paketlänge. Für ein aussagestarkes Ergebnis wird die Paketgröße in festen Schritten verändert und orientiert sich an RFC 2544.

```
root@OpenWrt:~
bwm-ng v0.6.1 (delay 5.000s); press 'ctrl-c' to end this
/proc/net/dev
/        iface                 Rx              Tx           Total
=============================================================================
         eth0:           0.01 KB/s       0.15 KB/s         0.17 KB/s
         eth1:       99658.64 KB/s    1029.50 KB/s    100688.13 KB/s
         eth2:        1029.48 KB/s   99657.45 KB/s    100686.94 KB/s
         -----------------------------------------------------------
         total:     100688.13 KB/s  100687.11 KB/s    201375.24 KB/s
```

Abbildung 5.2: *bwm-ng* bestätigt die maximale Durchsatzrate von Gigabit

Die unterschiedlichen Größen erhält der iperf-Client per Skript:

```
for MTU in 1500 1420 1280 1024 512 256 128 68 ; do
  ip link set eth1 mtu $MTU
  sleep 4
  iperf3 --client 10.1.2.2 --time 60 --interval 60 --window 128K
done

# Interface MTU zurücksetzen
ip link set eth1 down
ip link set eth1 mtu 1500
ip link set eth1 up
```

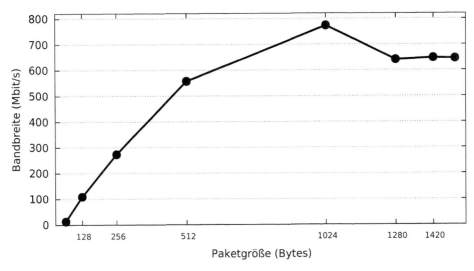

Abbildung 5.3: Durchsatzraten bei verschiedenen Paketgrößen

Das Ergebnis ist eine gute Abschätzung der möglichen Durchsatzrate des Routers und der angeschlossenen Server bei verschiedenen Paketgrößen. Abbildung 5.3 auf der vorherigen Seite zeigt die erreichten Durchsatzraten eines *PC Engines APU 1D4*-Routers [7] mit OpenWrt 19.07.3.

# Leistungssteigerung

Der Erfolg von Maßnahmen zur Leistungssteigerung hängt von der Hardwareausstattung und Netzwerkumgebung ab. Die folgenden Empfehlungen können Verbesserungen ermöglichen, aber nicht versprechen.

## Kernelmodule entfernen

Der Linux-Kernel kann Funktionen und Treiber als *Module* laden. Wenn der Kernel eine Funktion nicht benötigt, kann er das entsprechende Modul entfernen und damit Speicher und Prozessorleistung sparen.
Wenn ein OpenWrt-Router beispielsweise keine Adressumsetzung durchführt (vgl. Kap. 2), dann benötigt sein Kernel nicht die Module *nf_nat_ipv4* und *nf_nat_masquerade_ipv4*.
Der Befehl lsmod zeigt eine Liste der geladenen Kernelmodule. Die Zahl in der dritten Spalte zeigt an, wie viele weitere Module auf diesem Modul aufbauen.

```
root@RT-1:~# lsmod
[...]
nf_conntrack_ipv6        12288   4
nf_conntrack_rtcache     12288   0
nf_defrag_ipv4           12288   1 nf_conntrack_ipv4
nf_defrag_ipv6           12288   1 nf_conntrack_ipv6
nf_flow_table            20480   2 xt_FLOWOFFLOAD,nf_flow_table_hw
nf_flow_table_hw         12288   1
nf_log_common            12288   2 nf_log_ipv4,nf_log_ipv6
nf_log_ipv4              12288   0
[...]
```

Mit rmmod lässt sich ein einzelnes Modul aus dem Kernel entfernen, wenn es von keinem anderen Modul benötigt wird.
Für eine Leistungssteigerung kann der Kernel von Modulen befreit werden, die OpenWrt für seine jetzige Aufgabe nicht benötigt. Wenn das Gerät als

Accesspoint arbeitet und seinen Paketfilter nicht verwendet, lassen sich alle Module rund um `iptables` und `ip6tables` entladen.

Falls das Modul in Abhängigkeiten verwickelt ist, dann weigert sich der Kernel mit folgender Meldung:

```
root@RT-1:~# rmmod iptable_filter
unloading the module failed
```

In diesem Fall müssen erst die abhängigen Module entfernt werden. Hier ist erneut `lsmod` hilfsbereit, welches die Abhängigkeiten per `grep` darstellt:

```
lsmod | grep iptable_filter
```

Nachdem alle unnötigen Module aus dem Kernel aussortiert sind, muss die erneute Durchsatzmessung von Seite 62 zeigen, inwieweit sich das Ergebnis verbessert hat.

## Dienste stoppen

Unbenutzte Dienste erhalten dieselbe Behandlung wie unbenutzte Kernelmodule: Sie werden gestoppt und verschwinden damit weder Arbeitsspeicher noch Prozessorleistung. Die Liste der verfügbaren Dienste liefert das Webmenü von LuCI unter *System → Systemstart*. Hier kann der Administrator einzelne Dienste zur Laufzeit stoppen oder nach einem Reboot gar nicht mehr starten.

*Welche* Dienste nicht benötigt werden, hängt vom Einsatzzweck des Geräts ab. Wenn beispielsweise der Router keine IP-Adressen an die Clients im Netz verteilen soll, hat der Dienst *odhcpd* keine Aufgabe und kann angehalten werden. Die entsprechenden Befehle auf der Kommandozeile lauten:

```
service odhcpd stop
service odhcpd disable
```

Der Zusatz `stop` beendet einmalig den Dienst. Mit der Anweisung `disable` bleibt der Dienst dauerhaft inaktiv.

## ARP-Cache befüllen

Wenn ein Router die MAC-Adresse des nächsten Routers nicht kennt, kann er sie mit dem *Address Resolution Protocol* (ARP) ermitteln. Während sich die Router über ihre MAC-Adressen austauschen, müssen die Endgeräte ein paar Sekunden warten, bevor der Verkehr fließen kann.

Der Verbindungsaufbau eines Clients ist etwas schneller, wenn der ARP-Cache der Router bereits die MAC-Adressen aller Nachbarn enthält.

Das Skript in Listing 5.1 ermittelt die Next-Hop-Router anhand der Routingtabelle und prüft, ob es für jeden Nachbarn einen ARP-Eintrag gibt. Fehlt dieser Eintrag, wird mit ping eine ARP-Anfrage ausgelöst, deren Antwort den ARP-Cache aktuell hält.

```
1  NEIGHBORS4=$(/sbin/ip route list | grep via | awk '{print $3}')
2  for NHR in ${NEIGHBORS4} ; do
3    grep $NHR /proc/net/arp >/dev/null  || \
4      ping -t1 -c1 -W1 $NHR >/dev/null
5  done
6
7  NEIGHBORS6=$(/sbin/ip -6 route list | grep via | awk '{print $3}')
8  for NHR in ${NEIGHBORS6} ; do
9    ip -6 neigh show | grep $NHR >/dev/null  || \
10     ping -6 -t1 -c1 $NHR >/dev/null
11 done
```

Listing 5.1: Skript zum Auffrischen der Nachbarschaften

Das Skript versendet nur Pakete, wenn der ARP-Cache Lücken aufweist – ein häufiges Ausführen erzeugt also keine erhöhte Netzlast. Ab Zeile 7 befüllt das Skript auch die Nachbarschaftslisten von IPv6, die prinzipiell genauso ablaufen. Ein möglicher Speicherort ist unter /bin/, denn in diesem Verzeichnis parkt OpenWrt auch die eigenen Skripte.

Für die regelmäßige Ausführung des Skripts benutzt OpenWrt den Aufgabenplaner cron von Linux. Unter *System → Geplante Aufgaben* listet LuCI die regelmäßigen Aufgaben. Mit dem folgenden Eintrag führt cron das Nachbarschaftsskript aus Listing 5.1 mit dem beispielhaften Namen fill_arp_cache.sh alle fünf Minuten aus.

```
*/5 * * * * /bin/fill_arp_cache.sh
```

# Zusammenfassung

Ob ein Gerät mit OpenWrt die versprochene Gesamtleistung tatsächlich erreicht, lässt sich nur mit viel Aufwand prüfen. Einzelne Ports dagegen prüfen zwei angeschlossene Rechner mit dem Kommandozeilentool *iperf3*, welches für nahezu jedes Betriebssystem verfügbar ist.

Allerdings prüft diese Form der Messung nicht nur die Netzadapter, sondern auch die Kabel und eventuelle Transceiver, die Netzadapter der Server, sowie deren Durchsatz zwischen CPU und PCIe-Bus. Bei enttäuschender Durchsatzrate ist der OpenWrt-Router nicht die einzige Fehlerursache.

# Kapitel 6

# Architektur

OpenWrt läuft auf Kleinstcomputern mit minimaler Speicherkapazität. Die Architektur orientiert sich an dieser knappen Ausstattung und wählt Software, die eine geringe Anforderung an die Hardware stellt. Während eine Linux-Distribution für Desktop-Computer einen Arbeitsspeicher von mehreren hundert Megabyte erwartet, muss OpenWrt mit bescheidenen 32 MB auskommen.

Dieses Kapitel zeigt den internen Aufbau von OpenWrt und für welche Programme und Bibliotheken sich die Entwickler entschieden haben.

## Software

Unter der Haube greift OpenWrt zu unkonventionellen Produkten oder entwickelt fehlende Komponenten selber. Dieser Abschnitt beschreibt die Programme, die sich von einer regulären Linux-Distribution unterscheiden.

### BusyBox

Ein OpenWrt-System enthält die „normalen" Linux-Befehle, wie ls, ping oder mkdir, allerdings ohne Man-Page und mit einem geringeren Funktionsumfang als auf einem Desktop-Computer oder Server. OpenWrt benutzt dafür *BusyBox* [8] und erhält damit über einhundert neue Befehle. BusyBox ist eine einzelne ausführbare Datei, die eine Vielzahl von Kommandos enthält. Die Entwickler von BusyBox vergleichen ihre Software gerne mit dem Schweizer Armeemesser, denn es bietet auf geringem Raum viele Funktionen. BusyBox läuft auf den meisten eingebetteten Systemen und versorgt auch OpenWrt mit den essenziellen Linuxbefehlen. Beispielsweise ist das Kommando touch lediglich eine Verlinkung zum Befehl busybox.

```
root@RT-1:~# ll /bin/touch
lrwxrwxrwx  1 root    root    7 May 16 20:32 /bin/touch -> busybox*
```

busybox erkennt, dass es via touch aufgerufen wurde und gibt dem An-wender die gewünschte Funktion:

```
root@RT-1:~# touch
BusyBox v1.30.1 () multi-call binary.

Usage: touch [-c] [-d DATE] [-t DATE] [-r FILE] FILE...
[...]
```

Der Grund für BusyBox liegt erneut im Platzbedarf: Das busybox-Executable ist knapp 400 KB groß und damit deutlich kleiner als die Summe der bereitgestellten Befehle.

## C-Standard-Bibliothek

Auf Linuxrechnern mit großen Datenträgern und verschwenderisch viel Arbeitsspeicher herrscht die *GNU C Library*; bekannt als *glibc*. OpenWrt muss etwas kürzer treten und entscheidet sich für die *musl libc*, die besser zu Embedded-Linux-Systemen passt. Um Speicherplatz zu sparen, verzichtet *musl* auf Code, den die Anwendungen nicht verwenden. Das Ergebnis ist eine C-Bibliothek, die alles bietet, was OpenWrt benötigt, und damit deutlich kleiner ausfällt, als der große Bruder *glibc*.

## Paketverwaltung

OpenWrt verwendet den *Opkg Package Manager*, der sich von den bekann-ten Paketmanagern yum, apt und zypper dadurch unterscheidet, dass er mit weniger Ressourcen auskommt. Bei der *Bedienung* orientiert sich opkg stark an seinen Kollegen – die Befehle unterscheiden sich kaum von apt und selbst Benutzer von yum oder zypper werden schnell mit opkg klar-kommen. Opkg ist keine Neuentwicklung, sondern basiert auf ipkg, dem Paketmanager von *NSLU2 Linux*.

Das Paketformat ipk ähnelt dem Format eines Debian-Pakets. Es ist eine tar.gz-Datei, welche Steuerdateien und die fertigen Executables enthält. Über Skripte kann das installierte Paket zusätzliche Änderungen am System durchführen, wie beispielsweise einen Dienst starten.

Die Anwendung von opkg behandelt Kapitel 7 des ersten Bandes.

## Interprozesskommunikation

Das Standardwerkzeug für die Kommunikation zwischen den Diensten auf Linux-Hosts ist der *D-Bus*. Für das sparsame OpenWrt musste etwas anderes her, sodass die Entwickler sich ihr eigenes Tool für die Interprozesskommunikation strickten: den *ubus*. Der ubus ist schlank, lässt sich leicht ansprechen und ist sogar per Skript nutzbar.

Die Prozesse unterhalten sich dabei nicht direkt miteinander, sondern über den Vermittler ubusd, der als eigenständiger Prozess im Hintergrund läuft. Interessierte Dienste registrieren sich beim Vermittler und können Nachrichten an andere Dienste senden oder von diesen erhalten.

Im Tagesgeschäft unterhalten sich die Prozesse miteinander, ohne dass der Administrator eingreifen muss. Bei Problemen oder bei Interesse lässt sich per ubus-Befehl die Interprozesskommunikation anzeigen, überwachen oder eigene Nachrichten einschleusen.

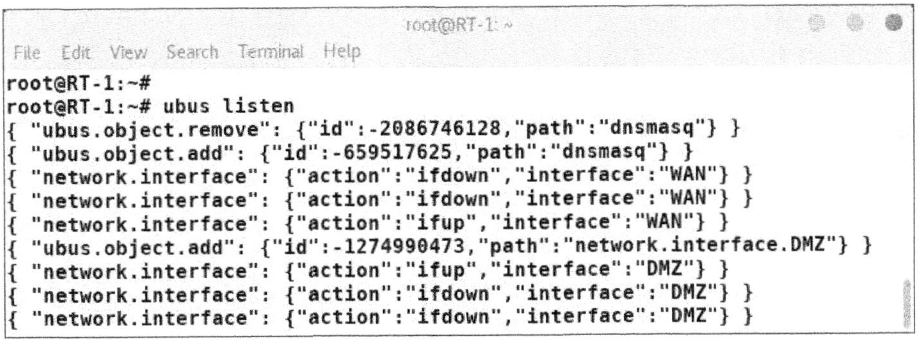

```
root@RT-1: ~
File  Edit  View  Search  Terminal  Help
root@RT-1:~#
root@RT-1:~# ubus listen
{ "ubus.object.remove": {"id":-2086746128,"path":"dnsmasq"} }
{ "ubus.object.add": {"id":-659517625,"path":"dnsmasq"} }
{ "network.interface": {"action":"ifdown","interface":"WAN"} }
{ "network.interface": {"action":"ifdown","interface":"WAN"} }
{ "network.interface": {"action":"ifup","interface":"WAN"} }
{ "ubus.object.add": {"id":-1274990473,"path":"network.interface.DMZ"} }
{ "network.interface": {"action":"ifup","interface":"DMZ"} }
{ "network.interface": {"action":"ifdown","interface":"DMZ"} }
{ "network.interface": {"action":"ifdown","interface":"DMZ"} }
```

Abbildung 6.1: ubus listen zeigt die Kommunikation zwischen Prozessen an

Das Kommando ubus list zeigt die registrierten Prozesse. Per Argument list oder listen ermöglicht der ubus Abfragen und mit call lässt sich der Status von Objekten anzeigen und verändern. In Abbildung 6.1 meldet sich der Netzadapter mit Statusänderungen, damit andere Prozesse darauf reagieren können.

Für die Erkundung der Möglichkeiten von ubus eignen sich die Argumente list und call. Das folgende Beispiel erforscht den LAN-Netzadapter.

```
root@RT-1:~# ubus -v list network.interface.lan
'network.interface.lan' @c904ec4f
        "up":{}
        "down":{}
        "renew":{}
        "status":{}
        "prepare":{}
        "dump":{}
        "add_device":{"name":"String","link-ext":"Boolean"}
        "remove_device":{"name":"String","link-ext":"Boolean"}
        "notify_proto":{}
        "remove":{}
        "set_data":{}
root@RT-1:~# ubus call network.interface.lan status
{
        "up": true,
        "pending": false,
        "available": true,
        "autostart": true,
        "dynamic": false,
        "uptime": 1040,
        "l3_device": "eth0",
        "proto": "static",
        "device": "eth0",
[...]
        "ipv4-address": [
                {
                        "address": "10.5.1.1",
                        "mask": 24
                }
        ],
[...]
}
```

Der erste Befehl präsentiert die verfügbaren Befehle im JSON-Format. Von den Möglichkeiten macht der zweite Befehl Gebrauch und ruft den Status des Netzadapters ab. Die Ausgabe ist recht umfangreich und hier nur verkürzt dargestellt.

> **Hinweis**
>
> Der ubus stellt keine „Sind Sie sicher?"–Rückfragen und leitet die empfangenen Befehle unverzüglich an den Empfänger.

Beispielsweise führt der folgende Befehl einen Neustart aus, sobald die Entertaste gedrückt wird:

```
ubus call system reboot
```

## Netzwerk

Auch für die Kategorie *Netzwerk* entwickelt OpenWrt seine eigene Wunderwaffe: Der *Network Interface Daemon* (netifd) verwaltet seit knapp zehn Jahren die Netzadapter und arbeitet dabei eng mit ubusd zusammen.

Nach einem Reboot von OpenWrt holt sich netifd die Einstellungen aus der Datei /etc/config/network und bestückt damit die Netzadapter. Nach einer Konfigurationsänderung informiert ubusd den *Network Interface Daemon*, welcher selbstständig erkennt, was geändert wurde und handelt entsprechend.

Andersherum benachrichtigen netifd und seine Hilfsbefehle ifstatus, ifdown und ifup per Interprozesskommunikation den ubus, damit die anderen Dienste über Änderungen im Netzwerk informiert sind.

## Logging

Im Bereich der Protokollierung geht OpenWrt ebenfalls den minimalistischen Weg: Der Logging-Dienst logd ist 16 KB groß und empfängt die Nachrichten der anderen Dienste.

In der Voreinstellung hält logd die eingehenden Meldungen in einem Ringspeicher von 64 KB Größe. Bei vollem Speicher und neuen Nachrichten löscht logd die älteste Meldung. Zugriff auf die Logmeldungen offenbart das zugehörige logread-Kommando. Beim Nachrichtenformat orientiert sich der Dienst an der Syntax von Syslog.

Alternativ zum Ringspeicher kann logd die Mitteilungen in eine Textdatei schreiben oder übers Netzwerk an einen Syslogserver berichten.

Die Anwendung von logd und logread behandelt Kapitel 8 des ersten Bandes.

## Zusammenfassung

OpenWrt steht auf kleine, schlanke Software. Mit dieser Vorliebe schaffen es die Entwickler, dass das Gesamtpaket auf Minicomputern mit 32 MB RAM und 4 MB Flash läuft. Verglichen mit einer Linux-Distribution für Server oder Desktops ist die Auswahl der Software exotisch: Die Standardbibliothek stammt von *musl libc*, die Linux-Befehle liefert *BusyBox* und die Netzadapter bedient `netifd`.

Alles in allem schafft OpenWrt damit eine Linux-Umgebung für besondere Hardwareausstattungen, in der sich ein Admin schnell zurechtfindet.

# Kapitel 7

# OpenWrt selber bauen

OpenWrt wird überall als Open Source angepriesen. Die Möglichkeiten daraus sind für Entwickler und Auditoren unschätzbar, aber welche Vorteile hat eine quelloffene Software für den normalen Anwender?

Ohne Kenntnisse einer Programmiersprache lässt sich aus dem Quellcode ein OpenWrt-Image bauen. Ein selbst gebautes Image ist wie ein Maßanzug für einen Router: Er passt sich an die Hardware an und enthält keinen unnötigen Klimbim. Während der Schneider Maß nimmt, muss der Anwender sich sein Image per Konsolenmenü zusammenstellen. Und nach einem längeren Buildprozess liegt im Dateisystem das fertige Image – bereit für die Neuinstallation oder für ein Update.

## Vorbereitung

Der Zusammenbau von OpenWrt erfolgt nicht auf einem OpenWrt-Router, sondern auf einem separaten Rechner. Dieser *Buildhost* ist ausgestattet mit Compiler, Linker, Interpretern, vielen kleinen Helferlein und ausreichend Festplattenspeicher.

Die Entwickler von OpenWrt empfehlen Debian als Linux-Distribution für den Buildhost. Weiterhin sollte die Maschine vier Gigabyte Arbeitsspeicher mitbringen und etwa 40 GB freien Festplattenspeicher haben. Bei der Anzahl der Prozessorkerne gilt: Je mehr, desto schneller ist das Image fertig. Die Befehle aus Listing 7.1 auf der nächsten Seite verwandeln einen aktuellen Debian-Rechner in einen Buildhost.

```
apt update
apt install build-essential git python python3 python3-distutils \
  libncurses5-dev gawk gettext unzip file libssl-dev wget ecj \
  libelf-dev fastjar java-propose-classpath rsync g++ zlib1g-dev
```

Listing 7.1: Ein Rechner mit Debian-Linux wird zum Buildhost

## OpenWrt kompilieren

Für den Zusammenbau benötigt der Buildhost den vollständigen Quellcode.
Da OpenWrt seine Entwicklungen per Git versioniert und öffentlich bereitstellt, holt der git-Befehl kurzerhand eine Kopie des Programmcodes auf
den lokalen Rechner. Die anschließenden beiden feeds-Anweisungen in
Listing 7.2 komplettieren die lokale Arbeitskopie um zusätzliche Pakete,
die mitkompiliert werden sollen. Die Anweisung in Zeile 3 ist optional

```
1  git clone https://git.openwrt.org/openwrt/openwrt.git
2  cd openwrt/
3  git checkout v19.07.3
4  ./scripts/feeds update -a
5  ./scripts/feeds install -a
6  make menuconfig
7  make
```

Listing 7.2: Der Buildhost holt sich den Quellcode von OpenWrt

und holt *nicht* die allerneueste Version, sondern die angegebene stabile
Version 19.07.3. Zuletzt startet Zeile 6 das Auswahlmenü und überlässt
dem Administrator die Auswahl darüber, für welche Architektur das spätere
Image sein soll und welche Softwarepakete es enthalten soll. Die Angaben
in Abbildung 7.1 planen ein OpenWrt-Image für einen x86_64-basierten
Rechner.
Wenn alle Entscheidungen gefällt sind, generiert den Button *Save* eine
.config-Datei, die der Compiler als Regieanweisung benutzt. Die finale
Anweisung make in Zeile 7 startet den Compiler.

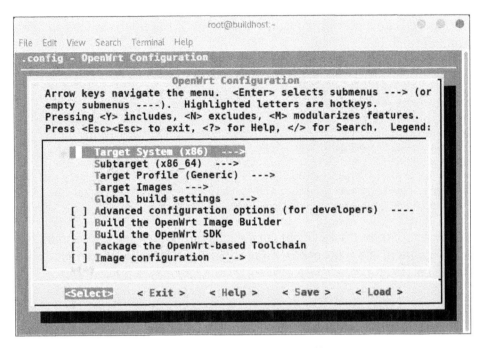

Abbildung 7.1: Die Auswahl für das Image trifft `make menuconfig`

---

**Hinweis**

`make` läuft nur als root-Benutzer, wenn die folgende Umgebungsvariable gesetzt ist:

`export FORCE_UNSAFE_CONFIGURE=1`

---

Je nach Ausstattung des Buildhosts kann der gesamte Prozess mehrere Stunden dauern. Falls ein Fehler auftritt, verrät `make` sogleich, welche Parameter mehr Informationen zum aufgetretenen Problem liefern:

`make -j1 V=sc`

Glücklicherweise beginnt `make` beim zweiten Anlauf nicht ganz am Anfang, sondern startet nach dem letzten erfolgreichen Arbeitsschritt.

Die fertigen Resultate liegen nach erfolgreichem Zusammenbau unter:

`bin/targets/<target>/<subtarget>/`

Die Image-Dateien des Routers aus Abbildung 7.1 auf der vorherigen Seite tummeln sich bei:

```
root@buildhost: ~> ls bin/targets/x86/64/openwrt*
openwrt-x86-64-generic-ext4-combined-efi.img.gz
openwrt-x86-64-generic-ext4-combined.img.gz
openwrt-x86-64-generic-ext4-rootfs.img.gz
openwrt-x86-64-generic-kernel.bin
openwrt-x86-64-generic.manifest
openwrt-x86-64-generic-rootfs.tar.gz
openwrt-x86-64-generic-squashfs-combined-efi.img.gz
openwrt-x86-64-generic-squashfs-combined.img.gz
openwrt-x86-64-generic-squashfs-rootfs.img.gz
```

Mit diesen Dateien lässt sich ein entsprechender Router genauso installieren oder updaten, als würde das Image von der offiziellen Downloadseite stammen.

## Cross-Compiler

Der vorherige Abschnitt kompiliert OpenWrt für die x86-Architektur auf einem x86-Computer. Wenn der Buildhost ein Image für eine *andere* Architektur bauen soll, benötigt er einen Cross-Compiler. Dieser Compiler kann ausführbare Dateien für die gewünschte Plattform erstellen und damit ein OpenWrt-Image für die Zielhardware erzeugen.

Die OpenWrt-Werkzeuge machen das Kreuzkompilieren denkbar einfach: Die Skripte downloaden die benötigten Dateien und den passenden Cross-Compiler und bauen alles zu einem fertigen Image für die Zielplattform zusammen.

Im folgenden Beispiel hat der Buildhost die OpenWrt-Images für *Broadcom BCM47xx/53xx (MIPS)* generiert und im entsprechenden Ordner abgelegt:

```
root@buildhost:~# ls bin/targets/bcm47xx/generic/openwrt*
openwrt-bcm47xx-generic-broadcom-b43.manifest
openwrt-bcm47xx-generic-linksys-e3000-v1-squashfs.bin
openwrt-bcm47xx-generic-linksys-wrt300n-v1.1-squashfs.bin
openwrt-bcm47xx-generic-linksys-wrt310n-v1-squashfs.bin
openwrt-bcm47xx-generic-linksys-wrt350n-v1-squashfs.bin
openwrt-bcm47xx-generic-linksys-wrt610n-v1-squashfs.bin
openwrt-bcm47xx-generic-linksys-wrt610n-v2-squashfs.bin
openwrt-bcm47xx-generic-standard-squashfs.trx
```

Dieser Abschnitt macht deutlich, dass die Entwickler von OpenWrt viele Arbeitsschritte automatisiert haben. Das Ergebnis ist ein vollautomatischer Prozess, der leicht anpassbar ist und OpenWrt für viele Architekturen kompiliert.

## Zusammenfassung

OpenWrt ist für erstaunlich viele Plattformen verfügbar. Damit die Entwickler nicht für jeden Hardwaretyp das Image händisch zusammenbauen müssen, haben sie ihr Build-System weitgehend automatisiert. Von diesem Plan profitiert jeder, der OpenWrt für seine Lieblingsplattform selber kompilieren möchte.

Per Textmenü lassen sich die Pakete auswählen, die im späteren Image enthalten sein sollen. Die Befehle und Arbeitsschritte erinnern ans Kompilieren eines Linux-Kernels. Und nach einem finalen `make` und viel Zeit liegt das fertige OpenWrt-Image im Dateisystem und ist bereit für seinen Einsatz.

# Kapitel 8

# Cloud

Die Cloud speichert unsere Logmeldungen und Backup-Dateien. Sie bereitet anschließend die Daten hübsch auf und stellt alles über schicke Weboberflächen bereit. Doch welcher Cloudanbieter ist der richtige Partner für die Analyse und für ein dauerhaftes Konfigurationsarchiv? Dieses Kapitel beleuchtet die Möglichkeiten der Cloudanbieter im Rahmen von OpenWrt.

## Logging as a Service

Wenn kein eigener Log-Host zur Verfügung steht, kann die Cloud aushelfen. Unter dem Motto *Logging-as-a-Service* stellen mehrere Anbieter einen Logdienst bereit, der Nachrichten empfängt, speichert und mit einer eleganten Webseite präsentiert.
Für den OpenWrt-Router ändert sich am Ablauf nur wenig. Der Logserver ist jetzt nicht mehr eine IP-Adresse im LAN, sondern ein Server in einem entfernten Rechenzentrum.

### Cloud-Anbieter

Im Bereich des Cloud-Loggings sind mehrere Anbieter aktiv, die sich im Leistungsspektrum, Preis und Serverstandort unterscheiden. Neben dem simplen Log-Empfang steht auf der Angebotsliste Langzeit-Archivierung, Analyse, Forensik und Benachrichtigung beim Eintreffen von kritischen Meldungen.

Um die Möglichkeiten zu erkunden nutzt dieses Kapitel den Cloud-Anbieter *Timber* [9], welcher Log-Empfang anbietet und für kleine Umgebungen kostenlos ist.

---

**Hinweis**

Die folgende Beschreibung benutzt Timber als Logging-Dienstleister und stellt *keine* Empfehlung für oder gegen diesen Anbieter dar.

---

Timber erwartet für die Registrierung eine gültige E-Mail-Adresse und ein neues Passwort für den Verwaltungszugang.

## Einrichtung

Auf der Cloud-Seite ist die Ersteinrichtung anbieter-spezifisch. Timber erwartet eine Registrierung mit gültiger E-Mail-Adresse und einem beliebigen Kennwort. Anschließend erlaubt die Webseite eine Anmeldung mit den gewählten Zugangsdaten.

Timber gruppiert die Kundengeräte in *Organisationen*. Der erste Schritt nach erfolgreichem Login liegt darin, eine neue Organisation anzulegen, die anschließend die OpenWrt-Router beinhalten wird. Der Name der Organisation ist beliebig wählbar und wird in der Webseite links oben angezeigt. Nach dieser Hürde zeigt die Timber-Webseite das *Dashboard* als Schaltzentrale und eine leere Liste der Log-Quellen an. Eine Log-Quelle ist ein System, welches Logmeldungen generiert und an den Timber-Server sendet. Das Dashboard weist die eingehenden Nachrichten einer Log-Quelle zu und muss aus diesem Grund vorab die Quellen kennen.
Der Button *Add a source* legt eine neue Log-Quelle an und präsentiert eine erschöpfende Liste von möglichen Systemen. Dazu gehören Programmiersprachen, Betriebssysteme, Protokolle und andere Cloud-Dienste. Ein OpenWrt-Router steht namentlich nicht in der Liste. Der passende Eintrag für OpenWrt bzw. *syslog-ng* ist *HTTP API*.

Sobald das Log-Objekt erstellt ist, weist Timber ihm eine *Source ID* und einen API-Schlüssel zu. Anhand dieser Werte kann Timber die eingehenden Logmeldungen dem Kunden, der Organisation und dem Gerät zuordnen.

Die erstellte Log-Quelle ist in Abbildung 8.1 dargestellt und Timber hat den folgenden Schlüssel spendiert:

```
Source ID: 27511
API Key: eyJhbGciOiJIUzI1NiIsInR5cCI6IkpXVCJ8.eyJdhWQiOiJodHRwc \
zovL2FwaS50aW1iZXIuaW8vIiwiZXhwIjpudxsWLCJpYXQiOjE1NzMyMTAzNzgs \
ImlzcIy6Imh0dHBzOi8vYXpBLRnpbWJlci5pby9hcGlfa2V4cyIsInByb3ZZGV \
yX2NsYWltcyI6eyJhGclfa2V5X2lkIjoOOTg3LCJ1c2VyX2lkIjoYiXBpX2tleX \
wOOTg4InOsInN1YiI6ImFwaV9rZX18NDk4NyJ9.SmkBBvBW-JL-np6j2d32gYKC \
lyVAdI_nuslpun4Lv8s
```

Damit ist Timber zufrieden und die Log-Quelle RT-1 wartet auf eingehende Nachrichten.

Abbildung 8.1: Timber kennt Router RT-1 als Log-Quelle

Auf der Client-Seite benötigt OpenWrt etwas Vorbereitung. Der eingebaute Log-Dienst `logd` kann nicht filtern und speichert seine Nachrichten in einer Textdatei oder einem Ringpuffer – mehr nicht. Für anspruchsvolle Umgebungen und die Cloud-Anbindung holt der OpenWrt-Router den Profi *syslog-ng* aus dem Repository.

```
opkg update
opkg install syslog-ng
service syslog-ng start
service syslog-ng enable
```

Anschließend läuft *syslog-ng* im System, erhält aber nicht alle Nachrichten, da diese nur dem kleinen Bruder `logd` bekannt sind. Die Zusammenarbeit beider Dienste besteht darin, dass `logd` neue Meldungen an *syslog-ng* weiterreicht.

Dieser einmalige Konfigurationsschritt erwartet in der Verwaltungsoberfläche LuCI den Eintrag von 127.0.0.1 (localhost) bei *Externer Protokollserver IP* unter *System → Protokollierung*. Alternativ verwandelt die Kommandozeile dieses Konzept mit den Befehlen:

```
uci set system.@system[0].log_ip=127.0.0.1
uci commit
```

Prinzipiell entsteht dadurch eine doppelte Buchführung. `logd` ist dennoch nützlich, damit das Web-Interface des Routers weiterhin unter *Status → Systemprotokoll* Auskunft erteilen kann. Sobald es um anspruchsvolle Filter, Alarmierung und Cloud-Logging geht, übernimmt *syslog-ng* diese Aufgaben.

Für die Berichterstattung an Timber benötigt *syslog-ng* eine Zieladresse, die Source-ID und den API-Schlüssel. Die neue Konfigurationsdatei `/etc/syslog-ng.d/timber.conf` ist in Listing 8.1 abgedruckt und enthält die Kennung für Router RT-1 von Seite 83.

```
destination d_timber {
  http(
    url("https://logs.timber.io/sources/27511/frames")
    method("POST")
    user_agent("syslog-ng User Agent")
    headers("Content-Type: application/ndjson", \
      'Authorization: Bearer eyJhbGciOiJIUzI1NiIsInR5c[...]')
    body('{"level": "$PRIORITY", "message": "$MESSAGE"}')
  );
};

log {
  source(src);
  destination(d_timber);
};
```

Listing 8.1: *syslog-ng* berichtet Logmeldungen an einen Cloud-Service

Syslog-ng benutzt die neuen Anweisungen nach einem Neustart wahlweise über die Kommandozeile oder über die Webseite.

## Auswertung

Die *Console* von Timber sollte jetzt bereits Logmeldungen von RT-1 erhalten und in der Echtzeit-Ansicht auflisten (Abbildung 8.2). Die Darstellung ist um ca. 30 Sekunden verzögert und enthält einen neuen Zeitstempel vom Timber-Server in UTC. Für die *Anzeige* der Logs übersetzt die Webseite in die Zeitzone des Browsers.

Abbildung 8.2: Timber erhält und zeigt die Logmeldungen von OpenWrt

Die Gesamtheit der Meldungen von allen OpenWrt-Geräten ist eine hervorragende Informationsquelle für Auswertungen, Statistiken, Analyse und Alarme. Timber bietet ohne finanziellen Invest lediglich die Alarmierung und eine Suchfunktion an.

# Backup

Das Einzigartige an einem OpenWrt-Router ist seine Konfiguration. Alles andere stammt vom Installationsmedium. Grund genug der Konfigurationssicherung ein eigenes Thema zu widmen.

In diesem Abschnitt sichert OpenWrt seine Konfigurationsdaten nach Dropbox und Google Drive. Auf diese Weise lässt sich die Konfiguration aller Router an einer zentralen Stelle ablegen, ohne dass ein eigener Server bereitstehen muss. Die Verbindung zum Cloudserver des Anbieters ist zwar gesichert, aber wo und wie die US-amerikanischen Anbieter die Daten speichern, ist nicht immer nachvollziehbar.

> **Achtung**
>
> Die folgenden Schritte führen Änderungen am Linux-Betriebssystem durch und können die Stabilität des OpenWrt-Routers beeinträchtigen.

## Dropbox

Dropbox ist der Klassiker für günstigen Speicherplatz im Internet. Die ersten Gigabyte gibt es kostenlos und Dropbox akzeptiert alle Arten von Dateien, die man ihr vorwirft – also auch Konfigurationsdateien.

Auf die einfache Bedienung, die den Anbieter populär gemacht hat, kann OpenWrt nicht zurückgreifen. Denn die Dateiübertragung läuft auf der Kommandozeile ab, und die benötigt einen Dropbox-Client.

Unter OpenWrt stehen kaum Compiler zur Verfügung und die Auswahl an Interpretern ist sehr begrenzt. Ein Dropbox-Client, der lediglich `curl` und die Bash-Befehle nutzt, wartet bei GitHub auf seinen Einsatz [10]. Die Installation verläuft mit wenigen Befehlen über die Kommandozeile:

```
1  opkg update
2  opkg install bash curl coreutils-stat
3  curl --silent --output /usr/bin/dropbox  \
4    https://raw.githubusercontent.com/andreafabrizi/  \
5      Dropbox-Uploader/master/dropbox_uploader.sh
6  chmod +x /usr/bin/dropbox
```

Anders als bei einem regulären Linux-System fehlt die Bash im Standardumfang von OpenWrt. Ein vorkompiliertes Paket ist im Repository vorhanden und findet in Zeile 2 seinen Weg ins lokale Dateisystem. GitHub erwartet zwar seinen eigenen Client für den Zugriff auf Projektdaten, aber ein einfacher Aufruf von `curl` zum Übertragen reicht auch. Aus den Quellen wird lediglich das Bash-Skript benötigt, welches in Zeile 3 in einem linuxtypischen Pfad platziert wird. Damit ist der Dropbox-Client startklar und wird mit dem simplen Befehl `dropbox` angesprochen.

Beim ersten Start begrüßt `dropbox` mit viel Information, wie im eigenen Dropbox-Account die API aktiviert und ein *Access token* erzeugt wird. Diese Schritte sind notwendig, damit der `dropbox`-Befehl gesichert auf den richtigen Cloudstorage zugreift.

Sobald das `dropbox`-Skript sein Accesstoken erhalten hat, ist der Zugriff auf Dropbox möglich. In einem ersten Test sendet das Kommando die lokale Konfiguration an Dropbox.

```
root@RT-1:~# sysupgrade -b /tmp/backup.tar.gz
root@RT-1:~# dropbox upload /tmp/backup.tar.gz $HOSTNAME/backup.tar.gz
 > Uploading "/tmp/backup.tar.gz" to "/RT-1/backup.tar.gz"... DONE
root@RT-1:~# rm -f /tmp/backup.tar.gz
```

Das Kommando meldet zwar Erfolg, aber erst der Blick in die Weboberfläche von Dropbox gibt Gewissheit, wie Abbildung 8.3 bestätigt.

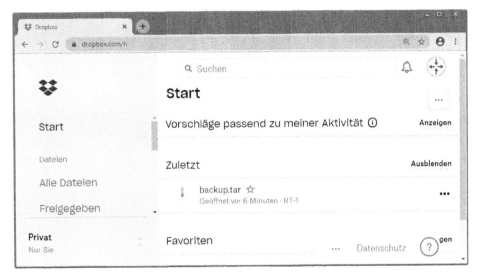

Abbildung 8.3: Dropbox als Speicherort für Konfigurationsdateien von OpenWrt

---

**Hinweis**

Wenn der Upload erfolgreich war, aber Dropbox die neue Datei nicht anzeigt, dann enthält die hochgeladene Datei keine Änderungen.

---

## Automatische Sicherung

Die neue Form der Sicherung ist etwas umständlich, denn OpenWrt speichert standardmäßig nur auf der lokalen Festplatte und ignoriert Dropbox. Für eine automatische Kopie der Konfigurationsdatei in die Dropbox benötigt OpenWrt die Hilfe seines Zeitplaners *cron*. Dieser kann Befehle regelmäßig zu festen Uhrzeiten ausführen und damit die Sicherung zur Dropbox erledigen.

Die folgende Zeile in *cron* unter *System* → *Geplante Aufgaben* bewirkt einen täglichen Upload, um das Dropbox-Archiv aktuell zu halten.

```
1   45  2   *   *   *       sysupgrade -b /tmp/backup.tar.gz && \
2       dropbox upload /tmp/backup.tar.gz ${HOSTNAME}/backup.tar.gz ; \
3       rm -f /tmp/backup.tar.gz
```

---

**Hinweis**

Wenn die Konfiguration häufiger oder seltener hochgeladen werden soll, benötigt die Webseite oder /etc/crontabs/root die Zeitangaben für den Upload. Die Man-Page von *cron* [11] gibt bereitwillig Auskunft über die Syntax.

---

Mit dieser Erweiterung sendet OpenWrt regelmäßig eine Kopie der Konfiguration in die Dropbox. Der Speicherbedarf einer Konfigurationsdatei liegt bei wenigen Kilobyte, sodass in das kostenlose Basis-Konto viele tausend Konfigurationen reinpassen. Obendrein macht Dropbox eine Versionierung der Dateien (Abbildung 8.4) und gibt damit Zugriff auf vorherige Konfigurationsstände. Wer seiner Dropbox nicht vertraut, kann die Konfigurationsdatei vor dem Upload verschlüsseln. Damit ist der Inhalt der Konfiguration für Dritte nur einsehbar, wenn das Kennwort bekannt ist.

Im Fall der Fälle benötigt OpenWrt die gesicherte tar.gz-Datei für eine Systemwiederherstellung. Also muss die Verschlüsselung der Sicherungsdatei eine Methode verwenden, die sich vor der Wiederherstellung einfach

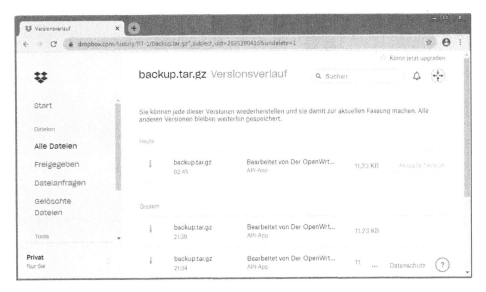

Abbildung 8.4: Dropbox sichert Konfigurationsdateien versioniert

entschlüsseln lässt. Listing 8.2 erstellt das Backup, verschlüsselt seinen Inhalt und lädt das Ergebnis in die Dropbox.

```
1  sysupgrade -q --create-backup /tmp/backup.tar.gz
2  /usr/bin/openssl enc -e -aes-256-cbc -md sha512 -pbkdf2 \
3    -k "mein_geheimes_password" \
4    -in /tmp/backup.tar.gz -out /tmp/backup.tar.gz.enc
5  dropbox -q upload /tmp/backup.tar.gz.enc ${HOSTNAME}/
```

Listing 8.2: OpenWrt verschlüsselt sein Backup vor dem Upload

Diese Methode benutzt den Befehl openssl des Pakets *openssl-util* zum Verschlüsseln. Ungünstigerweise benötigt das Skript für die Verschlüsselung das Passwort im Klartext (Zeile 3). Vor einem Restore muss openssl die verschlüsselte Datei in ein reguläres Backup umwandeln. Der folgende Befehl benötigt das verwendete Kennwort und entschlüsselt darauf die Backup-Datei.

```
openssl enc -d -aes-256-cbc -md sha512 -pbkdf2 \
  -k "mein_geheimes_password" \
  -in /tmp/backup-${HOSTNAME}.tar.gz.enc -out /tmp/backup.tar.gz
```

## Google Drive

Die Konfigurationssicherung mit Google Drive unterscheidet sich von Dropbox nur durch das Upload-Kommando und den entfernten Speicherort. Das Ergebnis ist dasselbe: Die Konfigurationsdatei befindet sich – nach etwas Einrichtungsaufwand – im Cloudspeicher.

Einen hervorragenden Kommandozeilen-Client für Google Drive bietet die Software *rclone* [12]. Für viele Betriebssysteme und Architekturen stellt der Anbieter vorkompilierte Binaries zur Verfügung. Damit entfällt der Umstand eine eigene Compile-Umgebung für die verwendete Programmiersprache Go zu schaffen. Mit wget greift der OpenWrt-Router auf das bereitgestellte ZIP-Archiv zu und platziert die enthaltene ausführbare Datei im Dateisystem.

```
1  opkg install unzip wget ca-bundle
2  wget https://downloads.rclone.org/rclone-current-linux-amd64.zip
3  unzip rclone-current-linux-amd64.zip
4  mv rclone-*-linux-amd64/rclone /usr/bin/
```

Mit der neuen Software an Bord geht es weiter zur Ersteinrichtung per Kommando rclone config. Es folgt ein textbasiertes Setup im Frage-Antwort-Stil. Da der OpenWrt-Router keinen eigenen Webbrowser hat, muss die Antwort bei *Use auto config?* auf „n" lauten.

Zum Schluss gibt der Client in der Kommandoausgabe eine weiterführende Webadresse aus, um Zugriff auf die Google Drive API zu erhalten. Nach dem Aufruf dieser Adresse in einem Browser mit angemeldetem Google-Konto spendiert Google einen Access-Code, ähnlich diesem:

```
4/2AG1tHrK349C5wpy3ZhchDmv_ao8O0tvNuYA4HBiqjF5qaHYJQMcl1M
```

Dieser Code gehört per Copy-and-paste in das wartende rclone-Kommando, um Tippfehler zu vermeiden.

In einem ersten Test sendet rclone die aktuelle Konfiguration ins Drive.

```
root@RT-1:~# sysupgrade -b /tmp/backup.tar.gz
Saving config files...
root@RT-1:~# rclone copy /tmp/backup.tar.gz drive:${HOSTNAME}
root@RT-1:~# rm -f /tmp/backup.tar.gz
```

Auch hier empfiehlt es sich, seine Backup-Datei vor dem Upload zu verschlüsseln, um den Inhalt von neugierigen Blicken und vor Manipulation zu schützen. Der passende `openssl`-Befehl ist bereits in Listing 8.2 auf Seite 89 abgedruckt.

Für die regelmäßige Sicherung steht auch hier der Zeitplaner *cron* zur Verfügung. Der tägliche Upload der Backup-Datei steht auf Seite 88, wobei der `dropbox`-Befehl aus dem Beispiel gegen `rclone copy` ausgetauscht werden muss.

Nach mehreren erfolgreichen Sicherungen füllt sich das Drive in Abbildung 8.5 mit Backup-Material und führt eine Versionshistorie.

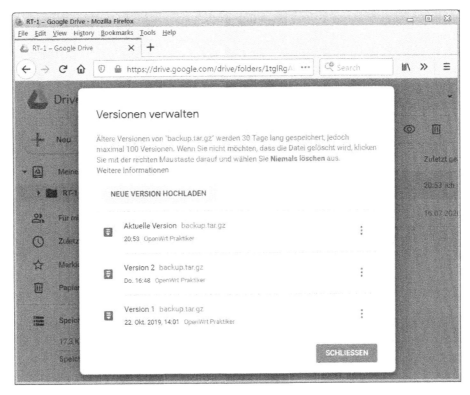

Abbildung 8.5: Konfiguration von OpenWrt nach Google Drive ausgelagert

---

**Hinweis**

`rclone` kann nicht nur Google Drive ansteuern, sondern auch Dropbox und viele andere Cloudspeicher.

---

## Zusammenfassung

Mit einem Logging-Dienst in der Cloud liegen die Systemmeldungen aller OpenWrt-Router an einer zentralen Stelle. Die Meldungen lassen sich damit unabhängig der Router ansehen, auswerten und weiterverarbeiten.

OpenWrt kann mit kleinen Erweiterungen seine Konfiguration in die Cloud sichern. Diese Form des Outsourcings legt die Konfigurationsdatei an einer neutralen Stelle ab, sodass im Katastrophenfall der OpenWrt-Router wieder aufgebaut werden kann.

Die zwei vorgestellten Cloud-Provider sind Dropbox und Google Drive, aber viele andere Provider mit offener API und Kommandozeilen-Client sind ebenfalls realisierbar.

An die Möglichkeiten von NetFlow in der Cloud hat sich bereits Kapitel 4 herangetastet.

# Literaturverzeichnis

[1] Martin Prikryl: *WinSCP*. 2020. https://winscp.net/de/

[2] The Cacti Group, Inc.: *Cacti – The Complete RRDTool-based Graphing Solution*. 2020. https://cacti.net/

[3] Peter Haag: *nfdump*. 2020. https://github.com/phaag/nfdump

[4] Kentik, Inc.: *Kentik – Real-Time Network Intelligence*. 2020. https://www.kentik.com/

[5] Damien Miller: *softflowd – fast software NetFlow probe*. 2012. https://github.com/irino/softflowd

[6] ESnet: *iperf3*. 2020. http://software.es.net/iperf/

[7] PC Engines: *apu1d4*. 2018. http://www.pcengines.ch/apu1d4.htm

[8] Erik Andersen, Rob Landley, Denys Vlasenko: *BusyBox*. 2020. https://www.busybox.net/

[9] Timber Technologies, Inc.: *Timber.io – Log Better*. 2020. https://timber.io/

[10] Andrea Fabrizi: *Dropbox Uploader*. 2019. https://github.com/andreafabrizi/Dropbox-Uploader

[11] Paul Vixie: *Crontab*. 2012. https://linux.die.net/man/5/crontab

[12] Nick Craig-Wood: *Rclone syncs your files to cloud storage*. 2020. https://rclone.org/

# Literaturverzeichnis

# Stichwortverzeichnis

# Anhang A

# Zusatzmaterial

Die abgedruckten Beispiele in den vorherigen Kapiteln enthalten stets nur einen Ausschnitt, der zum jeweiligen Thema passt. Die vollständige Konfiguration aller Geräte ist online verfügbar unter:

```
https://der-openwrt-praktiker.github.io
https://github.com/der-openwrt-praktiker
```

Dort befindet sich zusätzliches Material, das den Umfang des Buchs gesprengt hätte.

- Konfiguration der Router aus den verschiedenen Kapiteln,

- Netzdiagramm der vollständigen Laborumgebung,

- Errata (Korrekturverzeichnis),

- Alle Skripte, die in den Kapiteln teilweise gekürzt abgedruckt sind oder nur erwähnt werden.